BRUNO J. GIMENES e PATRÍCIA CÂNDIDO

PODER *extrafísico*

O guia definitivo para bloquear a energia de pessoas negativas, acabar com a exaustão mental e ativar a sua verdadeira proteção energética

Luz da Serra
EDITORA
Nova Petrópolis/RS - 2017

Edição e Revisão: Luana Aquino

Capa: Marina Avila

Dados Internacionais de Catalogação na Publicação (CIP)

G491p Gimenes, Bruno J.

Poder extrafísico: O guia definitivo para bloquear a energia de pessoas negativas, acabar com a exaustão mental e ativar a sua verdadeira proteção energética / Bruno J. Gimenes, Patrícia Cândido. – Nova Petrópolis: Luz da Serra, 2017.

224 p. ; 23 cm.

Inclui bônus on-line: luzdaserra.com.br/extrafisico

ISBN 978-85-64463-48-6

1. Poder extrafísico – Técnicas. 2. Energia. 3. Emoções. 4. Intenção. 5. Chacras. I. Cândido, Patrícia. II. Título.

CDU 118

CDD 118

Índice para catálogo sistemático:

1. Poder Extrafísico: Técnicas 118

(Bibliotecária responsável: Sabrina Leal Araujo – CRB10/1507)

Luz da Serra Editora Ltda.
Avenida 15 de Novembro, 785
Bairro Centro
Nova Petrópolis/RS
CEP 95150-000
editora@luzdaserra.com.br
www.luzdaserra.com.br
www.luzdaserraeditora.com.br
Fones: (54) 3298-2233 / (54) 99113-7657

BRUNO J. GIMENES E PATRÍCIA CÂNDIDO

PODER EXTRAFÍSICO

LIVRO COM BÔNUS ON-LINE

Acesse a página
especial para os leitores:
luzdaserra.com.br/extrafisico

Agradecemos a Deus por nos
mostrar pessoas tão especiais,
caminhos maravilhosos e
oportunidades incríveis para
que este trabalho se realizasse.

SUMÁRIO

SURPREENDENTES VERDADES ESCONDIDAS NO PASSADO

VOCÊ É UMA VERDADEIRA "ESPONJA" que absorve a energia das pessoas, ambientes e problemas ao seu redor? É daquelas que sentem a dor que o outro está sentindo e puxa tudo para você? Você chega em casa ao final do trabalho totalmente exausto, com vontade de se atirar no sofá e ficar lá parado por horas sem força para nada?

No trabalho você está sempre com a energia pesada, tensão nas costas, confusão mental, memória fraca e a mente confusa? Você, sem querer, se envolve com as preocupações e os problemas alheios e é um para-raios de cargas negativas? A energia da sua casa está tensa, pesada e você quer mudar essa realidade desagradável? Ou você não sabe o que fazer quando trabalha ao lado de alguém que está sugando a energia de todo o ambiente?

Então, acompanhe-nos neste poderoso e revelador livro e você terá acesso ao mais impactante e surpreendente caminho para entender e aplicar o **verdadeiro conceito da limpeza e proteção energética pessoal e de ambientes**.

Vamos lhe ensinar aqui a essência do que é necessário para mudar esse jogo de perdas energéticas diárias e de ser uma verdadeira esponja, com técnicas extremamente simples e adaptadas para a sua realidade.

Mesmo que você não tenha quase nenhum tempo do seu dia para gastar com nada extra na sua rotina ou mesmo que você já tenha tentado de tudo e não tenha encontrado nenhuma solução. O que você vai ter acesso aqui é um método real, testado e aprovado por mais de 1411 alunos (até o momento da edição deste livro) da Plataforma Iniciados (*iniciados.com.br*).

Este material poderoso e transformador já mudou as nossas vidas e a vida de tantos alunos. É importante você saber sobre as mudanças conquistadas com esse método. São inúmeros os comentários de pessoas que já tiveram acesso a esse conteúdo. Pessoas vivendo experiências e problemas reais da vida comum, mas que, com o uso adequado do método do Poder Extrafísico, conseguiram atalhar problemas e abrir portas para um novo nível de energia, ânimo, disposição e leveza.

Você acha que isso é bom demais para ser verdade? Vamos lhe mostrar a seguir alguns casos reais de pessoas que nós ensinamos a mudar essa realidade, mostrando o jeito exato de fazer a proteção pessoal. Qualquer pessoa que conhecer esse caminho também pode aplicar com muita simplicidade, direto ao ponto.

Caroline Evangelista · 4 meses atrás

Só posso dizer uma coisa sobre a técnica do banho seco.....OOOOOOWWWWWW gratidão Bruno, Patrícia e equipe!

Responder · Compartilhar ›

Fabi Zimmermann Hintz · 7 meses atrás

Simplesmente incrível toda essa aprendizagem! A medida que começamos a modificar pequenos hábitos e praticar as técnicas tudo vai se transformando em nossa volta, tudo esta melhorando! Muito obrigada a equipe Luz da Serra por essa oportunidade!!

1 · Responder · Compartilhar ›

Gêisa Capistrano · um ano atrás

Bruno e Patrícia preciso contar essa! Estava fazendo a técnica de adensamento de Ki e, naquele momento, sentia-me desanimada e com sono devido ao intenso calor aqui do Rio de Janeiro. Fiz e me senti muito melhor. Agora o mais interessante foi com a minha filhinha que chegou para mim logo depois reclamando de soluço. Fiz a técnica com ela e ao mesmo tempo ensinando-a como fazer. Eu apliquei nela e ao mesmo tempo ela se autoaplicou. Notei ao acabar que as palmas das minhas mãos suavam. De repente percebemos que o soluço havia desaparecido!!

5 · Responder · Compartilhar ›

Jessica Pereira · 7 meses atrás

Simplesmente adorei o exercício da taxa de entrada. É uma maneira ótima de ter o controle de onde esta faltando dedicação da nossa parte. Pude perceber aonde eu preciso dar mais atenção na minha vida e ja estou colocando em prática esse exercício. Estou muito grata ao Bruno, a Patrícia e a toda equipe luz da Serra que nos ajuda a trasnformarmos nossa vida de uma maneira prática e fácil.
Muita Luz.

Responder · Compartilhar ›

Não sabemos se este aqui é o primeiro livro nosso que você lê, talvez seja. Quem sabe você tenha lido mais de dez livros nossos e até já seja aluno dos nossos programas on-line ou seguidor no nosso canal do YouTube.

Nem sempre fomos considerados referência no desenvolvimento de pessoas, espiritualidade e propósito de vida, mas há pouco mais de 15 anos, nós não éramos sequer conhecedores de tudo isso que vamos lhe mostrar neste livro.

Hoje temos uma vida incrível, conquistamos a alegria de sentir na pele o reconhecimento, a prosperidade e a sensação de estarmos vivendo a nossa missão, mas isso não nasceu conosco! No passado as coisas eram diferentes. Nós sofremos, comemos "o pão que o diabo amassou", foi difícil e exaustivo.

Amigos e parentes diziam para seguirmos outra direção, mas nós acreditávamos em um sonho. O sonho de construir um projeto com o DNA de levar luz para mais pessoas. Na prática, sonhávamos ajudar e fazer com que mais pessoas encontrassem o mesmo caminho que havíamos encontrado. Um caminho de luz, de brilho nos olhos e prazer pela vida.

Mas até chegarmos aqui o caminho foi longo, porém, nos mostrou grandiosos aprendizados, que serão detalhadamente revelados neste livro.

Atualmente nós formamos uma parceria de mais de 15 anos de sucesso, amizade, companheirismo e respeito. Além disso, compartilhamos o amor intenso pelos nossos alunos, seguidores e nosso trabalho de impactar mais e mais pessoas.

Porém, essa história teve um ponto de partida em que nós separadamente tivemos as nossas buscas, e essas buscas nos levaram um ao encontro do outro, nos fizeram somar forças para viabilizar o projeto do Luz da Serra, dos nossos livros, dos nossos cursos e da nossa causa de ajudar mais pessoas a encontrar seus caminhos de luz.

Como quase todo aprendizado, o ponto de partida na maioria das vezes surge de um ou mais problemas que precisam de ajuda urgentemente.

HISTÓRIA NA VISÃO DO BRUNO

No final do ano de 2000 eu recebi um convite para trabalhar no Rio Grande do Sul. Como a minha vida toda tinha morado com meus pais no Estado de São Paulo, confesso que foi uma grande transformação na minha vida.

Nessa empresa tive a oportunidade de conhecer um cara que de imediato não foi muito com a minha cara. Para ser sincero ele começou até a desdenhar de mim. O tempo passou, e acabei conquistando a confiança dele. O fato é que ele ficou receoso com a minha presença por um motivo totalmente egoísta e muito engraçado, e eu já vou lhe contar. Quando eu descobri, morri de rir!

Essa pessoa era o Paulo Henrique, um gaúcho solidário e incrivelmente divertido. Ele me faz rir muito e coloca apelidos em todos. Assim que rompi a primeira barreira com ele, começamos a nos falar mais. Como ele era bem experiente na empresa, já logo foi me adiantando alguns segredos e fofocas que todas as indústrias têm.

"Ei, toma cuidado com aquela menina, ela adora fazer intriga", "Fica atento com aquele cara, ele finge que é teu amigo, mas adora falar mal pelas costas","Sabe aquele ali? Pode confiar, é uma grande pessoa".

E o Paulo Henrique me encurtou muitos caminhos. Nos tornamos mais próximos e não demorou nada para ele me convidar para ir passar um final de semana na casa da sogra dele. Ele me disse que achava que eu teria afinidade com a esposa dele, porque eu gostava de falar muito e ela também. Nessa hora já senti uma espetada do sarrista (no dialeto gauchês, a "espetada" significa que ele estava tirando onda, zuando, fazendo piada comigo).

E não é que ele estava certo? Conheci a esposa dele e a família toda da sogra do Paulo Henrique. Confesso, um sentimento lindo me pegou de coração. Eu me sentia acolhido, porque já fazia noventa dias que morava sozinho, longe da terra natal. Naquela época, o dinheiro que eu ganhava não era suficiente para eu ficar viajando toda hora para a casa de meus pais.

Os pais da esposa do Paulo Henrique me receberam como filho. Foi lindo! Um sentimento que jamais, mesmo que me esforce muito, conseguirei retribuir à altura. O Seu Getúlio, o sogro do Paulo Henrique, hoje mora no Céu, mas, na época, tornou-se uma pessoa muito importante na minha vida. Sua esposa, a Dona Lourdes, é a minha "Mãe Gaúcha", de verdade, sem nenhum exagero.

O tempo passou, nos tornamos grandes amigos, essa família é também minha família até hoje, e essa tal esposa do Paulo Henrique era nada mais, nada menos, do que a *Patrícia Cândido.*

Nós sempre tivemos muita afinidade, falávamos sobre tudo. Porém, a Patrícia não era muito ligada ao caminho da espiritualidade, acho que até foi por esse motivo que eu comecei antes dela nessa jornada, porque sempre tive esse chamado muito forte.

Assim, senti o chamado para começar a estudar as terapias naturais, a espiritualidade, o desenvolvimento pessoal, a bioenergia e muito mais. Hoje, de forma divertida, costumamos falar que estudamos "Seicho-espiritoreikichacrasvidaspassadas-no-ie" ou, ainda, falamos que somos "Esquisotéricos". A verdade é que, quando comecei, eu tinha uma sede de entender primeiro o que acontecia comigo.

Por que, de uma hora para outra, meu humor mudava? Por que eu sentia dores que não eram minhas? Por que eu pegava os problemas dos outros para mim? Por que eu ficava com a dor de cabeça de outra pessoa? Por que ir a um velório, a um museu ou até mesmo a uma farmácia me deixava tão mal? Eu não aguentava mais me sentir esponja de tudo.

Eu gostaria de vir aqui e lhe dizer que começamos tudo isso porque somos almas iluminadas, espíritos nobres e trabalhadores da causa humana. Só que não... Longe disso! Somos seres humanos cheios de erros e defeitos. Contudo, de certa forma, esses erros e fragilidades também serviram de motivação para a jornada que nos trouxe segredos e lições reveladoras.

Lembro-me que, ao final do dia, o trajeto de carro da empresa em que eu trabalhava, na cidade de Nova Santa Rita/RS, até o meu apartamento, em Porto Alegre, era um verdadeiro desafio. Eu mascava chiclete – minha mãe sempre dizia para eu mascar alguma coisa quando tivesse sono no carro –, jogava um pouco de água na cara, ligava o som alto. Eu fazia de tudo para não deixar o sono e o cansaço me dominarem.

E esse percurso era de aproximadamente 40 minutos (dependendo do trânsito). Era uma briga diária. Mas o pior era quando eu chegava ao meu apartamento, parecia que até o sofá me engolia. Se eu inventasse de me sentar no sofá: estava acabado. Ele se tornava um buraco negro que só me deixava sair no outro dia de manhã (aos cacos), quando me acordava para tomar um banho antes de sair de novo para o trabalho.

Eu fazia tantos planos de aproveitar o final do dia, já que estava com uma janela de noites de folga naquela fase da minha vida, afinal, eu estava formado na universidade. A verdade é que as noites livres não serviam de nada, a não ser para me atirar no sofá e ficar lá esparramado, totalmente exausto.

Outra coisa curiosa, mesmo no meu trabalho, havia algumas pessoas que tinham um poder sem igual! Ai, meu Deus!!! Que poder que elas tinham...

Um poder mais complicado que eu já vi, o de sugar todo o seu ânimo, a sua energia e a sua disposição. Às vezes eu entrava em uma reunião bem, feliz, radiante, e saía como se tivesse dormido a noite anterior como um morcego... TERRÍVEL SENSAÇÃO! Me faltava ar, sentia tontura, náusea, sono e indisposição. Ainda me recordo que, em algumas vezes, a minha mente ficava nebulosa e a visão turva.

Quando eu comentava com amigos tudo o que sentia, alguns sentiam parecido, já outros diziam que eu tinha algum problema e que precisava ir a um médico urgentemente. Porém, eu sabia que não era doença alguma.

Então, decidi mergulhar fundo. Comecei fazendo cursos para me entender, e as coisas começaram a dar certo. Talvez pelo meu DNA de laboratório, onde trabalhei por muitos anos com pesquisa aplicada, testes e durabilidade, eu sempre amei pesquisar, testar e estudar os fenômenos. E fazendo todos os cursos possíveis que me dessem pistas sobre o que eu queria saber, comecei a colher uma série de técnicas que passaram a dar resultados.

Foi aí que o meu caminho começou a se cruzar com o da Patrícia Cândido nessa área de conhecimento. Isso porque nós falávamos de tudo e já tínhamos um convívio de grandes amigos, mas não sobre os meus caminhos de consciência e espiritualidade.

É que eu sou um "tagarela", adoro falar pelos cotovelos. Então, todas as vezes que me encontrava com a Patrícia na casa da mãe dela, eu contava o que estava estudando. Eu também falava das técnicas que estava aprendendo, e muito frequentemente usava alguém da família como cobaia. O resultado?

As pessoas ficavam surpresas com os resultados. Ela mesma, que era gerente de recursos humanos em uma empresa, ou seja, tinha contato com centenas de pessoas todos os dias, começou a usar as mesmas táticas e estratégias que eu aplicava para conseguir bloquear as energias negativas na minha rotina.

E foi nessa sintonia que a Patrícia começou a querer mais. E os nossos assuntos, que antes eram de variedades, começaram a ser quase 100% sobre desenvolvimento pessoal, espiritualidade, aura, chacras, energia, etc.

Começamos a fazer praticamente os mesmos cursos. O caminho é natural, quando você aprende a mudar a sua vida, você decide que quer ajudar a mudar a vida dos outros. Começamos a trocar experiências sobre os nossos estudos e os nossos consultantes (talvez você não saiba mas é a forma como os terapeutas holísticos costumam chamar os seus clientes).

Um pouco mais de tempo passou, e tanto eu quanto a Patrícia começamos a atender em consultório com maior frequência e dedicação. Atendíamos pessoas com o mesmo perfil de problemas que também tínhamos, e com isso passamos a disseminar nossas descobertas. Os resultados continuavam a gerar efeitos poderosos e surpreendentes. O nosso trabalho crescia e, naturalmente, eu e a Patrícia já estávamos 100% dedicados às nossas carreiras como terapeutas, atendendo pessoas individualmente em consultório.

Percebemos também que 99% das pessoas que atendíamos cometiam os mesmos erros que nós, e logo ficou claro que esse era um conhecimento que o mundo precisava ter. Mas, quando começamos a nos aprofundar sobre os conhecimentos milenares acerca do campo de energia humano, das suas influências e implicações, passamos a ver um novo mundo se revelar diante de nós.

Nós também percebemos que as palavras "espírito" e "espiritual" tomaram um novo sentido nas nossas vidas e saíram do patamar de misticismo ou crença religiosa. É que definitivamente precisávamos aprender a dominar o conhecimento básico sobre as interações de energias sutis, que são trocas que todos nós fazemos dezenas de vezes diariamente.

De tanto que estudamos e nos especializamos, além de atender pessoas individualmente, também começamos a ministrar cursos presenciais sobre vários temas nesse segmento. Acredito que, naquele momento, ainda que sem perceber, já estávamos dando vida ao que seria mais tarde o **INICIADOS**, a nossa família on-line de Transformação Pessoal (*iniciados.com.br*). Porque todo final de semana ministrávamos cursos. Chegávamos a andar até 3 mil quilômetros por mês de carro, andando por várias cidades e transmitindo esse conhecimento a alunos interessados em desvendar os segredos da proteção energética e espiritual.

Nessa jornada nós escrevemos muitos livros. Alguns escrevemos em coautoria, como este que você está lendo agora, outros escrevemos individualmente, e quase todos eles falando de temas ligados ao Poder Extrafísico, à espiritualidade, ao desenvolvimento pessoal, à missão de vida e às terapias naturais. Fundamos em 2005 a instituição Luz da Serra, e desde lá passaram por nós mais de 30.133 alunos (até a edição deste livro), já ministramos palestras para bem mais de 1.000 auditórios, palcos ou teatros (adoro estatísticas exatas, mas quando passou de 1.000 decidimos parar de contar). Nós somos constantemente convidados para aparecer em programas de TV das principais emissoras do Brasil.

A nossa audiência no YouTube só nos últimos 365 dias foi de exatos 24.437.137 visualizações (na última página deste livro você encontrará o endereço do nosso canal).

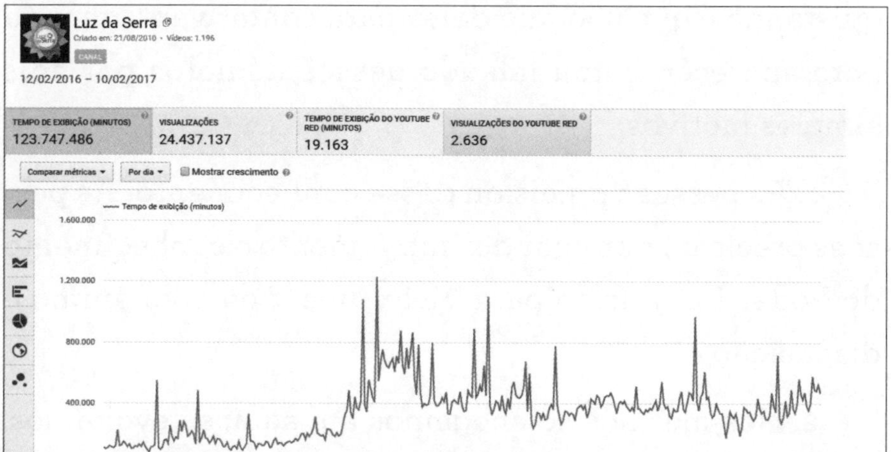

Além disso, criamos o maior e mais completo portal sobre espiritualidade e missão de vida, o *www.luzdaserra.com.br*, que também somente no último ano já atingiu a incrível marca de 6.049.742 visualizações.

E uma coisa que eu sempre digo quando começo a falar dos números impressionantes que estamos conquistando é que não falo deles para contar vantagem ou para aparecer. Estou falando desses números por dois simples motivos:

1. As pessoas precisam desse conhecimento! As pessoas precisam dominar definitivamente o conhecimento do Poder Extrafísico para viver uma vida com ânimo e disposição.

2. Nós mesmos só chegamos até aqui, só evoluímos, conquistamos uma vida com propósito, alegre e próspera,

porque aplicamos em nossas vidas tudo aquilo que você está prestes a conhecer.

Agora que tudo isso está claro, é importante dizer que, dessa jornada de dedicação profunda, estudo, interação com milhares de pessoas, dezenas de livros escritos e muita entrega, nós conseguimos criar um método poderoso. Esse método consiste na aplicação do que chamamos de Triângulo dos Iniciados. É a exata sublimação de tudo de bom que aprendemos.

E por que Triângulo dos Iniciados? Porque fomos em busca de vários lugares, mas foi nas antigas escolas de mistérios que encontramos mais respostas consistentes e que deram resultados reais, sem distrações. Essas antigas escolas do passado eram locais onde estudavam os iniciados, os grandes seres que viviam por um propósito muito claro e definido. Eles dedicavam a sua vida ao entendimento das leis naturais.

A grande vantagem da base do método Poder Extrafísico é que você conseguirá aplicar as técnicas mesmo que não saiba nada sobre o assunto, que nunca tenha ouvido falar ou mesmo que já conheça um pouco a respeito e até já tenha um profundo conhecimento.

A aplicação desses pilares fará com que você desperte o seu Poder Extrafísico de forma objetiva e eficiente em muito pouco tempo, assim como alguns dos inúmeros alunos do *iniciados.com.br* que nós citamos no começo dessa introdução.

Antes que você me pergunte, eu sei que fiquei lhe devendo o desfecho da história do Paulo Henrique. Eu já vou lhe contar o real motivo de ele não ter ido com a minha cara imediatamente após o meu ingresso na empresa em que trabalhávamos juntos. Mas antes eu quero que você saiba destes dois pontos importantíssimos para que você tenha sucesso com este livro. Então, logo a seguir eu já conto para você a curiosa preocupação do Paulo Henrique. Combinado?

Em primeiro lugar, para que o método do Poder Extrafísico possa mudar definitivamente a sua vida, você precisará entender e aplicar o conhecimento que chamamos de Triângulo dos Iniciados na prática do dia a dia como uma filosofia pessoal. Essa é base do método.

O segundo aspecto importante: na nossa experiência desvendando os segredos e tendo acesso a informações esquecidas das antigas escolas de mistérios, nós nos intrigamos por muito tempo. Por que para algumas pessoas o método simplesmente não funcionava? Elas aplicavam todos os ensinamentos e os problemas (exaustão, cansaço, efeito esponja, etc.) continuavam. O que acontecia? O método era falho?

A resposta é NÃO.

O método é totalmente poderoso. Contudo, descobrimos algum tempo depois que existem alguns sabotadores do Poder Extrafísico, que são mitos e erros que as pessoas cometem e que abrem verdadeiros furos em seus escudos energéticos pessoais de proteção.

Em função disso, preparamos detalhadamente uma série de informações preciosas que vão deixar você totalmente ciente do que é essencial para acabar com esses sabotadores. Vamos lhe explicar o que NÃO fazer e alguns segredos que colocamos no primeiro capítulo. Logo em seguida, você terá acesso ao detalhamento do método com as ferramentas e técnicas que vão (garantido) mudar a sua realidade de forma definitiva.

A curiosa preocupação do Paulo Henrique

O Paulo Henrique era muito amigo do outro químico da empresa. Quando ele me viu sendo contratado, nos pensamentos dele, ele acreditou que o seu amigo seria demitido e que eu ocuparia o lugar. Só isso já seria motivo para ele não ser simpático comigo, certo?

E se eu lhe dissesse que o Paulo Henrique ia, quase todos os dias, de carona para o trabalho com esse amigo que também era químico? Você acreditaria que o Paulo Henrique estaria também preocupado em perder a carona, caso seu amigo fosse demitido?

Se acredita que sim, você está certo! Ele tinha medo de perder a carona!

Acredite, isso é motivo para rirmos até hoje quando tocamos no assunto. Caso você não saiba, o Paulo Henrique é nosso sócio no Iniciados e nas empresas do grupo Luz da Serra, incluindo a Luz da Serra Editora, que é a responsável por publicar nossos livros.

PS: O outro químico não foi demitido com a minha chegada. Por sinal, de uma forma surpreendente (coisas mágicas da vida), ele foi corresponsável pelo meu ingresso no mundo do Reiki, que me abriu portas para todo esse universo, afinal, esse foi o meu primeiro curso.

Aqui gostaria de agradecer ao químico João Luiz Bombarda, por tudo que ele fez por mim, por sua amizade e bondade. Além disso tudo, ainda foi ele quem me indicou o curso de Reiki e o professor certo para começar.

Ao nosso primeiro Mestre de Reiki (meu e da Patrícia), Altair Danielski, a nossa eterna gratidão pelo caminho que abriu para nós!

CAPÍTULO UM

LIGUE O TURBO

VER A TRANSFORMAÇÃO DAS PESSOAS POR MEIO dos nossos livros e cursos é uma das coisas que mais nos deixa felizes. Por isso, esperamos que você esteja animado para transformar a sua vida para muito melhor.

Para dar início a esta jornada para a conquista do seu Poder Extrafísico, você precisa primeiro de duas coisas:

– definir metas

– aprender a enfrentar a resistência

METAS INICIAIS

Existe algo capaz de fazer com que você seja objetivo, efetivo como uma flecha no alvo: é o poder da intenção, do qual falaremos mais adiante. Antes de começar qualquer jornada, é fundamental saber onde se quer chegar. O simples fato de você saber para onde quer conduzir sua energia já faz uma diferença enorme. Sustentar suas metas é importante porque isso lhe permite alinhar sua energia pessoal a elas e, assim, ter resultados.

Se você nunca pensou nisso, este é um bom momento para começar a pensar já. Recomendamos que você foque em três metas no início desta jornada. Não há problema se você tiver apenas uma muito bem definida. Vamos detalhar este exercício no capítulo 3, mas você já pode ir pensando em suas três principais metas de vida. Pegue um caderno e comece a escrevê-las.

Perceba que se você não tiver intenções bem claras, como o Universo pode lhe trazer o que você quer? Como sua mente poderá acelerar níveis novos para conquistar cura, sabedoria, profundidade, alegria e elevação? Como vai despertar seu Poder Extrafísico se ainda não definiu para você mesmo, para a energia e para o Universo que poder é esse?

VENCENDO A RESISTÊNCIA – COMO COMEÇAR E TERMINAR BEM TUDO O QUE VOCÊ FAZ

Definidas suas três metas iniciais, é preciso entender que, para conquistá-las, você terá de enfrentar a resistência.

"Mas por que eu resistiria a melhorar minha vida?", você pode se perguntar.

O primeiro passo é aceitar que as resistências existem e que você precisa enfrentá-las. Depois, é importante reconhecer que não há uma fórmula mágica capaz de fazer sua vida se transformar da noite para o dia.

Se você não está satisfeito com a vida, a família, a energia, o bem-estar ou o estado de espírito que tem hoje, é fundamental entender que nada disso foi construído de um dia para o outro. Você levou anos, décadas até, para construir a sua realidade – essa mesma realidade que hoje está decidindo mudar.

Nós gostamos de chamar essa realidade criada de castelo de ilusão. Talvez você hoje seja como a princesa de desenho animado, presa no alto da torre desse castelo. Porém, entenda que foi você mesmo que se pôs nessa situação. Você construiu o castelo!

A boa notícia é que também pode desconstruí-lo e reconstruí-lo. No entanto, não é razoável esperar que, em apenas poucas semanas, já vá ter construído um castelo novo e muito melhor.

Aliás, ter uma expectativa irreal, não razoável – seja em termos de resultados ou do tempo necessário para atingi-los –, é um dos sinais do que o autor Steven Pressfield chama de resistência. Ele explica que tão poderosas quanto nosso chamado para a realização são as forças da resistência que vão atuar contra esse chamado.

A resistência aparece sempre que vamos fazer alguma coisa muito importante para a nossa alma, para o nosso despertar, para a elevação do nosso nível de consciência.

Seguir um dom, que pode ter a ver com cantar, pintar, tocar, dançar, ou com qualquer outra expressão de arte criativa; tocar um empreendimento com a finalidade de ajudar outras pessoas; fazer qualquer tipo de dieta ou de melhoria em nossa saúde; iniciar um curso ou um programa desenhado para superar os hábitos ou vícios negativos; dar início a qualquer tipo de educação; ou decidir por qualquer coisa que demande comprometimento do coração, como se casar, ter um filho ou perdoar alguém – tudo isso gera resistência.

Nós resistimos quando precisamos rejeitar uma gratificação imediata em favor de crescimento, saúde, felicidade e integridade no longo prazo. Resistimos aos atos provenientes do nosso eu superior, daquela parte de nós que mais nos conhece.

Outra coisa importante sobre a resistência é que ela é cheia de artimanhas e está sempre mentindo. E é por isso que queremos lhe apresentar 10 chaves para você vencer essa guerra, começar e terminar bem tudo o que se propõe a fazer e desenvolver um Poder Extrafísico sem igual. Sim, a partir de hoje, queremos que você encare isso como uma luta, que veja a resistência como seu pior inimigo, aquele que está à espreita em todos os momentos, só esperando que você dê uma bobeira.

CHAVE 1: CRIAÇÃO DE TEMPO

Quando estávamos desenvolvendo o método do Poder Extrafísico, fizemos uma pesquisa com leitores e seguidores, perguntando quais os maiores obstáculos que os impediam de ter a vida que gostariam. Um dos mais citados foi a falta de tempo. Independentemente de você ter muito ou pouco tempo disponível hoje, é essencial que defina na sua agenda qual o tempo que vai separar na sua vida para se dedicar ao que quer fazer. No caso deste livro, que tempo você vai tirar para estudar e aplicar este método?

Sua primeira tarefa é reservar datas da semana para ler. Bloqueie pelo menos uma ou duas horas por semana.

Não importa como você vai dividir esse tempo. O que interessa é separar um momento para se dedicar a você mesmo e à construção do seu Poder Extrafísico.

E lembre-se: a resistência vai sempre voltar para tentar convencê-lo de que você não tem tempo para mudar sua vida. Por isso, quanto mais preparado você estiver, mais chances terá de vencê-la.

CHAVE 2: PREPARAÇÃO

Você precisa ter cem por cento de clareza do que precisa ser mudado em sua vida para que tenha um foco bem definido a respeito do que quer transformar ou conquistar.

Quando você tem essa certeza, de quebra vence também um dos mais famosos artifícios da resistência, que é dizer que você ainda não está pronto, que ainda falta alguma coisa para que seja capaz de fazer o que quer.

Essa chave é especialmente importante se você é o tipo de pessoa que procrastina se valendo de desculpas como "ah, preciso de um caderno; segunda-feira eu compro". É justamente para evitar isso que você vai se preparar com antecedência, organizando previamente tudo de que precisa.

Para seguir na aplicação do método apresentado neste livro, você deve avisar à família que vai precisar de um tempo e de silêncio. Uma boa alternativa é compartilhar com os seus familiares o que está aprendendo.

Você também vai precisar de um caderno e uma caneta para escrever suas percepções diárias ao longo deste processo. Não é necessário que seja nenhum caderno específico, caro, chique, nada disso. Pode ser grande ou pequeno, com ou sem pauta, com ou sem espiral... O importante mesmo é não deixar a resistência convencê-lo de que você não está pronto ou de que precisa de um caderno novo. Se já tiver um à mão, mesmo que seja usado, você está pronto para começar.

CHAVE 3: COLOCAR-SE EM MOVIMENTO

O escritor alemão Johann Wolfgang von Goethe disse: "No momento em que nos comprometemos, a providência também se põe em movimento. Todo um fluir de acontecimentos surge a nosso favor. Como resultado da nossa atitude, acontecem todas as formas imprevistas de coincidência, encontros e ajuda, que nenhum ser humano jamais poderia ter sonhado encontrar. Qualquer coisa que você possa fazer ou sonhar, você pode começar. A coragem contém em si o poder, o gênio e a magia".

Muitas pessoas leem um monte de livros, fazem vários cursos, mas não põem nada em prática. A principal causa disso é o medo, pois essas pessoas não conseguem enxergar como, ao final da jornada, chegarão ao resultado com que sonham.

Pense em quando usamos um GPS. Sabemos aonde queremos chegar e inserimos o destino final no aparelho. E o que aparece na tela? O caminho inteiro? Não! Aparecem no máximo algumas poucas quadras em torno de onde estamos. E não deixamos de dirigir por causa disso. Conforme avançamos, o GPS mostra um trecho mais à frente do caminho. Com a nossa vida é exatamente a mesma coisa.

Muitas vezes temos um grande sonho, mas não fazemos a menor ideia de como realizá-lo. Nessa hora, precisamos nos colocar em movimento, por mais que isso pareça contraintuitivo. Porque, quando fazemos isso, à medida que nos movemos, nosso GPS interno vai mostrando mais trechos da jornada até chegarmos ao destino.

Aqui está um exercício para você começar a entrar em movimento. Conforme for lendo este livro, anote todos os *insights* que tiver e, ao fim de cada capítulo, responda às seguintes perguntas:

1. O que eu posso fazer para pôr esse *insight* em prática na minha vida hoje mesmo?

2. Que ação posso tomar imediatamente para me colocar em movimento?

Com essas duas perguntas simples, você não vai mais deixar a resistência vencê-lo. Coloque-se em movimento, faça uma pequena ação durante a semana e mostre à resistência que quem manda agora é você!

No momento em que você se comprometer com seu sonho e se colocar em movimento, vai conhecer novas pessoas, oportunidades inesperadas vão surgir, você vai ouvir músicas, ler trechos de livros que o inspiram, que respondam exatamente àquilo que você precisa saber. Como diz o ditado, quando o aluno está pronto, o mestre aparece. E a forma de mostrar ao Universo que você está pronto é se colocando em movimento.

CHAVE 4: COMUNIDADE

É muito importante tratarmos da influência das pessoas sobre você. Quando começar a desenvolver seu Poder Extrafísico e mudar sua vida, pode ser que muitas pessoas apareçam para dizer que você está maluco de querer fazer isso, que sua vida é ótima, e até mesmo afirmem que queriam ser como você.

Depois que começar a colocar em prática os conceitos deste livro, é possível que algumas pessoas se incomodem com suas mudanças. Para elas, é importante que você continue sendo quem sempre foi, pois é como elas estão acostumadas. As resistências dessas pessoas não vão gostar nada de ver alguém tão próximo mostrando que é, sim, possível ter uma vida melhor.

Por outro lado, para cada pessoa que diz que não o entende, pode aparecer uma outra que percebeu que você está diferente e quer saber o que está fazendo para ter tanta energia. Elas vão querer fazer o mesmo que você.

Esta é a hora de escolher a sua turma. Observe as pessoas que estão buscando criar mais significado para suas vidas e trabalhos, que querem impactar outras pessoas e mudar o mundo.

Cerque-se dessas pessoas e, quando algum dos passos parecer muito difícil e você achar que não vai conseguir, olhe em volta: será que é só você que tem essa dificuldade? Toda vez que estiver empacado, enfrentando um desafio, recorra à comunidade que criou. Peça ajuda e receba o acolhimento de quem está no mesmo barco que você.

Da mesma fora, quando tiver um *insight* importante, que mudou sua forma de pensar e que pode mudar sua vida dali para a frente, conte para a sua comunidade, tanto para celebrar quanto para inspirar outras pessoas. O seu *insight* pode ser exatamente o que está faltando para outra pessoa mudar a vida dela.

CHAVE 5: COMPROMETIMENTO

Este é um método supercompleto. Trabalharemos, em níveis sutis, todas as áreas essenciais do seu magnetismo, do seu poder energético pessoal e de ambientes. Mas você só vai ter resultados se estiver realmente comprometido.

No livro "Os quatro compromissos", o autor Don Miguel Ruiz fala da importância de sermos impecáveis com a nossa palavra. Não é à toa que esse é o primeiro compromisso.

Quando você não se compromete de verdade, acontece algo muito sério. Além de não conseguir resultados, você piora sua autoestima e autoconfiança. Dessa forma, revela-se a você mesmo como alguém que não mantém a sua palavra.

CHAVE 6: CONSISTÊNCIA

Você já viu que a maioria das pessoas que quer fazer uma mudança significativa na vida simplesmente não se põe em movimento? Mas e aquelas que arriscam dar o primeiro passo?

Infelizmente, ainda é grande o número de pessoas que acaba desistindo no primeiro obstáculo. Por isso, é preciso entender e aceitar que o sucesso não chega da noite para o dia. A resistência é uma inimiga que temos de vencer diariamente se quisermos ter resultados reais em nossa vida. E a única forma de fazer isso é com consistência.

Comprometa-se com a consistência sem pensar apenas nos resultados, e eles virão.

CHAVE 7: METODOLOGIA

Quando você está preparando um novo prato, pode até fazer alguns improvisos, substituir alguns ingredientes, porém o resultado não vai ser o mesmo do que o que você alcançaria se seguisse a receita culinária à risca.

Da mesma forma, você não vai obter resultados incríveis em seu Poder Extrafísico se não seguir os exercícios que propomos aqui. Não se trata de uma fórmula pronta, e sim de um método que foi cuidadosamente pensado, estudado e testado para potencializar seus resultados. Quanto mais você seguir a metodologia, mais vai entender que os capítulos vão, pouco a pouco, construindo seu conhecimento, enchendo sua caixa de ferramentas e o preparando para começar uma nova vida.

Você vai ver que, a cada novo capítulo, os conceitos apresentados nos anteriores vão ficando mais claros. Você vai ter mais *insights* sobre eles e vai aprofundar seu conhecimento. E terá resultados incríveis fazendo coisas tão simples como apenas respirar melhor.

Lembre-se sempre de que o senso comum não é a prática comum. Por isso, por mais que o que você estiver lendo não lhe pareça novidade, continue. Sempre que a vozinha da resistência disser "isso eu já sei", permita-se responder: "tudo bem, mas agora vou aprender de um modo novo, vou buscar um novo *insight* e, mais importante, vou me colocar em movimento."

Esta metodologia foi criada para ajudar você, então a siga do começo ao fim, mesmo que se enrole ou empaque um pouco no meio. No futuro, quando estiver fazendo uma releitura deste livro, aí, sim, você pode improvisar e focar em algumas partes.

CHAVE 8: TRABALHAR AS DIFICULDADES

Com a metodologia do Poder Extrafísico, vamos trabalhar diversas áreas da sua vida, como foco, clareza, energia, espiritualidade, confiança e muitas outras. Você provavelmente terá facilidade em algumas áreas e dificuldade em outras, e isso é ótimo.

Mas atenção! Faz parte da natureza humana dar mais atenção àquilo que já fazemos bem ou ao que já estamos acostumados e evitar nossas dificuldades. Se você quer ter ótimos resultados, é importante focar sua atenção nos tópicos em que encontrar mais dificuldade.

A resistência normalmente fala mais alto quando estamos mexendo com alguma coisa muito importante para nossa alma. Se em algum momento o que você estiver lendo o deixar mais irritado, achando tudo isso uma bobagem, com a sensação de que já sabe do assunto e que não precisa fazer os exercícios, fique atento. Esses são sinais claros da resistência e talvez você precise dar especial atenção a esse assunto. Tire um tempo e, considerando sua história de vida, reflita para descobrir o que está gerando tanta resistência.

CHAVE 9: AÇÃO IMEDIATA

Você precisa entrar em ação!

Sabemos que durante esse percurso você pode cometer erros ou até mesmo empacar. Se isso acontecer, tão logo perceba que está fazendo alguma coisa errada, você deve se corrigir imediatamente. Mude de direção. Lembre-se sempre desta chave de "ação imediata" para se aperfeiçoar cada vez mais.

Muitas pessoas dizem que não conseguem avançar porque são perfeccionistas, mas isso é a voz da resistência. Em outras palavras, é mentira – como tudo o que ela diz.

Se você empaca, não é por ser perfeccionista. Pode ser insegurança ou até mesmo medo do julgamento dos outros, mas não por perfeccionismo. Sabe por quê? Porque aperfeiçoar é melhorar. Só podemos atingir a perfeição quando trabalhamos em cima de algo que já existe. O plano pode ser perfeito, mas, quando posto em prática, vira algo concreto e pode não sair conforme o planejado. Se você foi vencido até hoje por essa desculpa de que é perfeccionista, pare e reflita sobre o que o está bloqueando. Você pode até mesmo definir que esta é uma das metas a serem conquistadas.

CHAVE 10: EDUCAÇÃO CONTINUADA

Um dos valores mais importantes na nossa vida é a aprendizagem. Para nós, Bruno e Patrícia, é simplesmente impossível não estudar algo novo. Na vida, a gente só cresce e se desenvolve quando sai da zona de conforto, e isso implica buscar novos conhecimentos. Claro que também é essencial transformar esse conhecimento em sabedoria, o que acontece quando conseguimos sentir na prática o sabor do conhecimento adquirido. E para isso precisamos usar duas ferramentas: nos colocar em movimento e trabalhar as nossas dificuldades.

Você já deve ter notado que o grande segredo aqui é identificar as formas que a resistência usa para aparecer em sua vida sempre que você está tentando fazer alguma coisa importante por si mesmo.

Ao começar um trabalho com o Poder Extrafísico, não há dúvidas de que a resistência vai usar todas as suas armas contra você, porque é assim mesmo que nós funcionamos. Mas, a partir de hoje, você vai acordar todos os dias como um guerreiro, certo de que a resistência está lá e pronto para usar todas essas 10 chaves contra ela nessa batalha que se desenrola a cada dia.

E não se engane se vencer a resistência na primeira semana. Ela vai voltar – quando você menos esperar e com ainda mais força. Por isso é muito importante que a partir de agora você esteja sempre em guarda para identificar quando a resistência aparecer.

Agora que você já começou a traçar as suas metas e aprendeu alguns recursos para vencer a resistência, é hora de saber como cuidar da sua energia.

** Este capítulo contou a contribuição da coach de alta performance, criadora do Programa Escolha Sua Vida e grande amiga, Paula Abreu (escolhasuavida.com.br).*

CAPÍTULO DOIS

AS POUCO CONHECIDAS FONTES DO SEU PODER

UMA DAS COISAS QUE MAIS NOS PREOCUPA E A que mais damos atenção é, além de oferecer a você informação edificante, mostrar novos caminhos para que você de fato possa se transformar. Nosso objetivo é ajudar você a sair do nível de consciência, energia e saúde em que está hoje para alcançar um outro nível, muito melhor.

"Mas o que isso tem a ver com o Poder Extrafísico?", você pode estar se perguntando. Tem tudo a ver. Queremos ajudá-lo a despertar seu poder, sua energia e seu campo de vibração, e tudo isso está interligado.

Numa jornada como esta que você está empreendendo, é provável que, em algum momento, sinta-se travado, como se sua vida não estivesse melhorando e seu Poder Extrafísico não estivesse aumentando. Quando isso acontecer, nossa recomendação é que volte sempre a este capítulo e verifique como você está cuidando da sua energia, das fontes que o alimentam e das suas taxas de entrada. Só assim você poderá manter seu padrão energético sempre em alta.

A ENERGIA

A energia cósmica (também chamada de imanente) está presente em todo o cosmos. Sim, tudo no Universo é energia. Inclusive nós mesmos.

Nosso corpo físico é material, portanto, é energia na forma condensada. E a alma, que é nossa porção extrafísica, é nossa parte energética.

Todos os dias somos abastecidos pela energia cósmica, que é sutil, pura, leve e equilibrada para atender às nossas necessidades. Mas nem sempre nos sentimos conectados a ela. Isso acontece porque nosso padrão de pensamentos e sentimentos a altera, provocando perdas energéticas.

Para entendermos esse processo, primeiro precisamos compreender o conceito básico – e muito resumido aqui – de mente. Ela é constituída por dois elementos que se complementam para formar o que somos em essência: a mente superior e a mente inferior.

A mente superior é o que podemos chamar de sinalizador essencial, o lado pleno da existência transcendental. A mente inferior é nossa mente contaminada pelas impressões da vida física, o ego.

Isso não significa que a mente inferior seja ruim; ela é apenas indisciplinada, como uma criança que ainda precisa crescer e adquirir maturidade. Ela é frenética, não para um segundo. Podemos até diminuir nossa agitação mental por um tempo, o que é muito difícil para a maioria de nós e requer bastante treino.

Isso significa que não dominamos nossa mente inferior. Ao contrário, é ela que nos domina. E essa é uma constatação alarmante.

Hoje em dia, já temos comprovação científica de que nossos pensamentos criam a nossa realidade. Ora, se nossos pensamentos são criados descontroladamente por nossas mentes inferiores desorganizadas, e se são eles que transformam a energia cósmica que recebemos para criar nossa realidade, então nossa realidade também será produzida em desordem.

Deixar que os pensamentos tóxicos, negativos e pessimistas tomem conta de nós é fechar as portas para as bênçãos cósmicas que recebemos constantemente.

O estresse, a vitimização, a hiperatividade mental e a futilidade também são exemplos de padrões que escurecem e distorcem a nossa energia imanente. Dessa forma, precisamos essencialmente aprender a escolher o que pensar, tomar as rédeas das nossas vibrações mentais e controlá-las com equilíbrio.

Dedicar tempo e cuidado à arte de domar a mente inferior é fundamental para que nossa realidade aconteça de acordo com nossos objetivos, e não aleatoriamente, como consequência de nossa agitação mental. Outra ação essencial para se chegar a esse resultado é reservar momentos do dia para cessar a frequência mental desorganizada.

Para conseguir tudo isso, temos de conhecer as fontes que nos alimentam e aprender a cuidar delas.

AS FONTES QUE NOS ALIMENTAM

Por que estamos vivos? Que energia é essa que nos dá movimento, ação e força? Que força é essa que alimenta nossas células e confere saúde aos nossos corpos? Para entendermos a nossa existência, precisamos compreender aspectos que muitas vezes esquecemos: as fontes que nos alimentam.

Algumas delas você já conhece. Outras nunca tinha encarado com tanta importância. Podemos dizer que são quatro as fontes básicas.

A primeira delas é a **alimentação** – água e comida. Trata-se da necessidade básica do ser humano. Precisamos essencialmente alimentar nosso corpo físico para podermos sobreviver.

Com certeza, já vimos casos de pessoas que conseguiram resistir a muito tempo sem água e sem comida – sobreviventes de tragédias, como enchentes, furacões, terremotos. No entanto, sabemos muito bem que não podemos viver sem alimentação, sem a energia que sustenta nossas funções vitais.

Para que a vida seja o melhor que pode ser, não basta apenas você se alimentar. É preciso que se alimente da melhor forma possível. Diariamente nossas células estão se reproduzindo, numa constante e diária construção genética. E essa construção repete padrões. Ela replica as células presentes em seu corpo. Se você se alimenta mal e prejudica suas células, são essas células que serão replicadas. Com o passar do tempo, todo o seu organismo será constituído de células danificadas. Porém, nós temos condições de reverter isso por meio da alimentação. Então, essa certamente é uma fonte da qual você deve cuidar.

A segunda fonte é a **respiração**. Uma pessoa até pode suportar muitos dias sem comer, embora fique num estado deplorável, mas é impossível permanecer mais do que poucos minutos sem respirar. Seu sangue para de oxigenar seu corpo e o cérebro começa a ter dificuldade de exercer suas funções até parar.

Porém, muito diferente de apenas respirar é fazer isso de modo consciente, cadenciado. Noventa por cento dos casos de ansiedade e depressão poderiam ser tratados com cinco a dez minutos de respiração consciente por dia, aliada a alguma mentalização ou visualização positiva.

Quase sempre, as pessoas que chegam a um surto emocional em hospitais ou em ambientes terapêuticos estão com a respiração alterada, e isso só piora seus quadros, porque a respiração é uma fonte muito intensa.

A terceira fonte que nos alimenta é o **sono**. Se você passar muito tempo acordado, sem descanso, seu organismo pedirá para você dormir, recuperando assim a vitalidade do seu corpo e relaxando sua mente. Ninguém aguenta ficar muitos dias sem dormir. Sem o benefício do sono, a mente e o corpo ficam em desequilíbrio, as emoções ficam desorganizadas, o relógio biológico se desajusta. Cuidar do descanso também é muito importante.

Uma pessoa não pode fazer uma longa viagem de carro se o motor desse veículo, os pneus, as rodas, além de toda a estrutura mecânica e elétrica, não estiverem em pleno funcionamento. A alimentação, a respiração e o sono cuidam do nosso carro, da nossa parte física. Sem essas três fontes, simplesmente não existiríamos.

Mas, uma vez que nosso veículo está em condições de viajar, temos de conduzi-lo pela vida com equilíbrio emocional e mental. Precisamos guiar com consciência.

A **consciência** é a quarta fonte que nos alimenta. Ela não é física, mas, sim, etérea. O que significa que não pode ser tocada com as mãos, medida ou pesada. A consciência é a matriz espiritual que abriga as qualidades ou tendências negativas que dão forma à nossa personalidade.

Ela é aquilo que nos abastece, mas que frequentemente não percebemos. Com isso, acabamos cortando nossa conexão com essa energia maior do Universo. Muitas vezes, quando cortamos nossa conexão espiritual, não nos damos conta de como isso nos prejudica em curto prazo.

Veja bem, acreditar ou não em Deus não influencia o que estamos falando aqui. Trata-se, sobretudo, de se conectar com a bondade, com a gratidão, pensar na sua missão de vida, na sua causa, agradecer por sua existência e reverenciar a força maior que faz parte da sua essência. Isso é a sua conexão com a sua consciência.

Genericamente, essas são as quatro fontes que nos alimentam e, para manter sempre altos níveis de energia, você precisa aprender a cuidar de suas taxas de entrada e de saída.

AS TAXAS DE ENTRADA E DE SAÍDA

O que são, afinal, taxas de entrada e de saída? Taxa de entrada é tudo o que você recebe: todos os estímulos externos que vêm do ambiente no qual você vive, das pessoas, da mídia e de todos os lugares onde a sua atenção estiver focada. Já a taxa de saída é o que você produz com base no que recebe. O mundo precisa de pessoas mais equilibradas, sorridentes, colaborativas, felizes e engajadas em suas missões. As taxas de saída compreendem todas as coisas que compartilhamos com o Universo.

Um bom cozinheiro, por exemplo, se recebe materiais de qualidade, produz comida boa. Contudo, se ele receber ingredientes ruins, dificilmente vai conseguir um bom resultado em seus pratos. Essa mesma lógica vale para todos nós. Se nos alimentamos de coisas ruins, dificilmente vamos produzir algo de bom. Entretanto, se você alimentar bem suas taxas de entrada, sua vida vai mudar. Você fará surgir outra força, um outro você, cheio de novas características positivas.

Por isso, é muito importante que você entenda como a fórmula da taxa de entrada influencia a sua vida. Fique atento a tudo o que vamos mostrar. Para começar a gerenciar as suas taxas de entrada, você precisa entender e seguir quatro passos simples:

– **O comprometimento é a chave do sucesso.** Aprender e não colocar em prática o que aprendeu é o mesmo que não saber nada. Quanto mais comprometido você estiver, mais resultados verá.

– **A desatenção aos simples hábitos é um inimigo silencioso.** Afinal, são exatamente esses hábitos que são as nossas taxas de entrada. Eles são os elementos que alimentam a sua essência e, quando você tem clareza disso e começa a cuidar deles do jeito certo, encontra níveis excelentes de taxas de saída.

– **Toda ação gera uma reação; ou seja, a taxa de entrada gera a taxa de saída.** Quando você negligencia algo, isso tem uma consequência – resultados ruins. Quando você treina para alguma coisa, isso tem uma consequência – resultados positivos. Quando você cuida, com atitudes diárias, dos elementos que influenciam seu estado mental, emocional, físico e espiritual, começa a construir um processo completo de mudança de vida.

– **Revise e gerencie suas taxas de entrada.** Quando você estiver infeliz; quando achar que este método não está funcionando; quando achar que não está tendo os resultados esperados... Lembre-se: ação e reação. Se algo não está bom, é porque você negligenciou ou não cuidou direito de alguma coisa. Se algo está bom, é consequência de algum aspecto do qual você cuidou bem ou que fez bem, mesmo sem querer.

OS QUINZE ELEMENTOS

Apresentamos agora uma lista de quinze elementos básicos dos quais você deve cuidar todos os dias.

Se você se mantiver sempre atento a esses elementos, vai ver sua vida mudar. É um exercício tão simples que você vai se perguntar por que nunca deu atenção a isso antes.

Lembrando que a sua única preocupação deve ser com as taxas de entrada. Você não deve se preocupar com as consequências, só com a causa.

Se sua vida não está boa, isso é o resultado de um conjunto de coisas que estão ruins. Você deve aprender a atuar sobre esse conjunto para que tudo comece a melhorar.

1. SONO

Como está a qualidade do seu sono? Está bom? Muito bom? Precisa melhorar? Você tem um ritual e disciplina para dormir bem? Você dorme o número suficiente de horas todas as noites para o seu corpo se recuperar e se preparar para outro dia?

2. ALIMENTAÇÃO

Como está sua alimentação? Você come adequadamente? Escolhe alimentos saudáveis, naturais, com base no que seu corpo precisa? Faz as cinco refeições mínimas por dia ou come de manhã e depois só vai se alimentar de novo à noite? Quando você amplia muito o intervalo entre as refeições, seu metabolismo fica lento e o corpo começa a armazenar gordura. Por isso, a recomendação é de que você faça refeições pequenas e mais frequentes durante o dia.

3. HIDRATAÇÃO

Nosso corpo é formado por mais de 77% de água. Você está repondo essa quantidade de maneira adequada? Quanto de água bebe por dia? O ideal é beber no mínimo dois litros, mas não de uma vez. Você deve ingerir essa quantidade em pequenas porções, ao longo do dia inteiro.

4. RELAXAMENTO

Você tem algum lugar onde possa relaxar? Todos os dias você deve fazer paradas, se acomodar numa poltrona da maneira que se sentir mais confortável, sentar com a coluna ereta e simplesmente ficar ali por três a cinco minutos, olhando para o nada, relaxando. A ideia não é dormir, mas apenas relaxar, para centrar a mente e o espírito.

5. GRATIDÃO

Essa é uma das coisas de que mais falamos. Como está a sua gratidão pela vida? Quantas vezes você para (pode até ser junto com o exercício de relaxamento) e agradece? Não basta dizer "sou grato pela vida". Não é disso que estamos falando, mas de exercício de verdade. Você deve falar ou escrever as coisas pelas quais se sente grato. Faça isso de uma a duas vezes por dia.

6. CULTURA ÚTIL

Cultura útil é tudo aquilo que ajuda você a evoluir, não o faz se sentir mal. Ela não aumenta sua angústia, sua aflição, seu estado de medo. Pelo contrário, amplia sua mente, alimenta seu espírito e seu coração de forma boa e saudável. Você pode fazer isso absorvendo conteúdos positivos por meio de leituras, cursos, vídeos. Não estamos falando aqui de uma dose semanal, mas diária. Podem ser duas páginas de um livro por dia, mas é muito importante alimentar sua cultura útil diariamente.

7. CULTURA SOCIAL

A cultura social é a parceria com outras pessoas. Preste bastante atenção: você não vai querer se cercar de pessoas que só pensam em problemas, reclamam da vida e falam mal dos outros. Não! Em vez disso, você vai construir e desenvolver amizades que elevem sua alma. Pessoas legais, animadas, que pensem de maneira positiva, que tenham propósitos e sonhos parecidos com os seus.

Mas como você pode alimentar isso diariamente com a vida corrida que levamos? Tire um tempo para mandar uma mensagem – mesmo que seja por WhatsApp ou Facebook –, convide para um café, para uma conexão. Apenas faça contato. E fique atento para manter sempre os valores elevados.

8. *MASTERMIND*

O conceito de *mastermind* foi criado por Napoleon Hill em seu livro "A lei do triunfo". Ele fala de um grupo de pessoas com um objetivo elevado, que cultivam a harmonia em busca desse objetivo e, com isso, criam a mente mestra.

Quando você está em um grupo assim, cresce com ele. Ao contrário, se está num grupo de pessoas com pensamentos ruins, mesquinhos e princípios morais baixos, você se reduz. Você é a média das cinco pessoas com quem mais convive. Quem são essas pessoas?

Talvez a sua família não seja o *mastermind* ideal para você, pode haver comportamentos nela dos quais você não goste. Mas sempre é possível procurar outro grupo com quem se reunir, e que seja de pessoas que zelem por um princípio elevado e cuja energia tenha mais a ver com você.

9. ALEGRIA

Quanto você é feliz e estimula a alegria na sua vida? "Ah, mas alegria é algo que eu sinto ou não sinto", você pode dizer.

Nada disso! Alegria é treino. Você pode tomar para você a responsabilidade de gerar alegria. E de levá-la para as pessoas. Você fala sorrindo? Você desenvolve coisas que tragam alegria?

A taxa de entrada da alegria pode ser regulada. Você pode se esforçar para encontrar alegria em cada coisa que faz. Mesmo quando acordar mal-humorado, você pode brincar, convidar a alegria para a sua vida. É uma questão de se esforçar.

10. HORA DA RISADA

Não confunda esta taxa de entrada com a alegria. A hora da risada é um momento que você tira para rir. Ler coisas engraçadas, assistir a vídeos, ouvir e contar piadas. Você deve fazer um exercício diário para rir.

11. ATIVIDADE FÍSICA

Você não pensou que ela ia ficar de fora, não é? Não importa a sua idade ou quão atribulada seja sua vida. Você pode incluir atividade física na sua rotina. Não precisa ser atleta nem estar na sua melhor forma física, mas precisa ativar seu corpo. Ele foi feito para se mexer. Mesmo que você faça apenas 10 minutos de exercícios em casa ou dê uma volta no quarteirão. Não importa. Adapte-se ao exercício que for melhor para você e ponha seu corpo em movimento.

12. CONEXÃO COM A NATUREZA

Faça paradas diárias para mexer no jardim, cuidar de um vaso de plantas, olhar pela janela para o sol, as nuvens ou mesmo a chuva. Olhar cinco minutos para a lua. Brincar com seu animal de estimação, ouvir o canto dos pássaros ou mesmo observar um inseto. Não importa o que você faça, é essencial se conectar com elementos da natureza.

13. ATIVIDADES DIVERTIDAS

Não estamos falando da hora da risada, mas de atividades divertidas que você faz durante o dia. Uma criança, por exemplo, quando termina o dever de casa, vai brincar. O que é brincar para você? Pode ser assistir a um filme, a uma peça de teatro, praticar esporte, jogar um jogo, fazer algum tipo de brincadeira. Você precisa fazer coisas gostosas durante o dia. Todo mundo pode conseguir isso, por mais que tenha um trabalho chato. Qual é a sua taxa de diversão?

14. RESPIRAÇÃO CONSCIENTE

Você está ansioso, preocupado, cheio de ideias e pensamentos absurdos ou perdeu energia? Pare e respire conscientemente. Faça isso várias vezes ao longo do dia. Você também pode juntar essa prática ao exercício de relaxamento. A respiração consciente tem o poder de acalmar a sua mente e recolocar você no eixo.

15. CONEXÃO SUPERIOR

Como está seu nível de conexão com a energia superior? Você tira um tempo para fazer uma oração, uma meditação ou uma prece? É muito importante alimentar esta taxa de entrada na sua vida, pois ela é uma das principais fontes que nos alimentam.

A partir de agora, você poderá cuidar diariamente desses elementos da sua vida. À medida que for praticando, você pode identificar novas taxas de entrada e incluí-las na sua lista. Para começar, veja o exercício a seguir.

EXERCÍCIO: GERENCIE SUAS TAXAS DE ENTRADA

Gerenciar suas taxas de entrada nada mais é do que olhar para todas as forças, essências, hábitos, atitudes e atividades que o influenciam. Vamos pegar a lista de quinze elementos apresentada anteriormente e avaliar como anda a prática de cada um deles na sua vida.

Quando começar a fazer isso, você pode se chatear, pois é provável que não esteja bem em todos. É possível até que você tenha a sensação de que está tudo errado. Mas não se desespere. O que você vai fazer é escolher alguns itens e começar a cuidar melhor deles. Quando a nota deles melhorar, passe para outros. O simples fato de você tomar consciência de que algo não vai bem já é o primeiro movimento de cura.

Na tabela a seguir (ou no seu caderno do Poder Extrafísico, se preferir), olhe para cada uma das áreas (taxa de entrada) e dê uma nota (taxa de saída).

TAXA DE ENTRADA	TAXA DE SAÍDA (NOTA)
1. Sono	
2. Alimentação	
3. Hidratação	
4. Relaxamento	
5. Gratidão	
6. Cultura útil	
7. Cultura social	
8. *Mastermind*	
9. Alegria	
10. Hora da risada	
11. Atividade física	
12. Conexão com a natureza	
13. Atividades divertidas	
14. Respiração consciente	
15. Conexão superior	

Se você acha que determinada taxa de entrada está muito boa, pode dar 7 ou 8. Se ela está maravilhosa, pode dar 10. Agora, se acha que pode melhorar, 5 ou 6. E, se estiver péssima, 2 ou 3.

Agora que você já fez o exercício, quais foram as três piores notas? Atue sobre esses elementos. Tente melhorar pelos menos os três mais críticos. Se puder atuar em cinco, melhor ainda. Pergunte a si mesmo: que atitudes simples posso tomar para melhorar isso agora?

É importante refazer esse exercício com frequência. E, lembre-se: antes de dizer que as técnicas apresentadas neste livro não estão funcionando, reavalie suas taxas. Não adianta nada aplicar o que vai aprender aqui se não cuidar das suas taxas de entrada. Toda ação gera uma reação.

A taxa de entrada você controla. A taxa de saída você desfruta. Não cuidar de uma taxa de entrada não significa que a taxa de saída correspondente a ela não vai existir. Ela vai existir de qualquer jeito, mas vai ser ruim, afinal de contas, se você receber estímulos negativos, vai dividir aspectos nocivos com o mundo.

Quando você começar a cuidar da sua taxa de entrada, sua vida vai mudar. Realizações, saúde, propósito, amizade, prosperidade, sorte (que é uma coisa que construímos), segurança, proteção, confiança – tudo isso é o Poder Extrafísico, que já começa a mudar completamente. Você vai ver a diferença nas situações, pessoas e coisas que chegarão a você ou que vai atrair magneticamente pela sua vibração.

Leve muito a sério esse conteúdo de taxa de entrada, taxa de saída e fontes que nos alimentam, porque isso é a chave que vai mudar sua realidade, é o conhecimento básico que se utiliza das leis naturais da vida, e isso faz diferença. Você será capaz de mudar sua imunidade, sua saúde, sua família e sua prosperidade e dará um grande salto na direção de um Poder Extrafísico incrível.

CAPÍTULO TRÊS

O PODER DA INTENÇÃO

TODOS OS DIAS SOMOS ABASTECIDOS PELA ENERGIA cósmica, que é alterada pela nossa mente para criar a nossa realidade – como vimos no capítulo anterior. A nossa mente recebe os pensamentos e os aceita de acordo com as crenças e experiências que temos, incorporando-os como rotina.

Uma vez estabelecida essa rotina, ela passa a ter vida própria. É como um programa de computador: depois de instalado, passa a executar suas tarefas naturalmente, sem necessidade de ser alimentado.

Então, se queremos mudar a nossa realidade, precisamos mudar nossas crenças programadas. E a melhor forma de fazer isso é querendo muito. Precisamos ter a **intenção** de fazer a mudança.

O poder da intenção, sem dúvida, constrói o Universo. Quando tem a intenção de se casar, você busca uma esposa, um marido, um relacionamento e se casa. Quando tem a intenção de construir uma casa, você a constrói. Quando tem a intenção de viajar, você viaja. E isso vale para qualquer coisa que você tenha a intenção de ser, ter e fazer.

Você precisa assumir uma intenção.

Afinal, a intenção nos direciona. Um dos princípios básicos da filosofia diz que o Universo dá a resposta e nós só precisamos ter as perguntas. De modo geral, as coisas funcionam da seguinte forma: a lei da atração determina que você atrai a essência daquilo que manifesta emocionalmente no pensamento, na vibração. Em outras palavras, você é a essência dos seus pensamentos, emoções e sentimentos.

Quando começamos a fazer a nossa parte nesse processo – ou seja, quando vigiamos a qualidade dos nossos pensamentos e emoções –, percebemos que sentimentos nobres têm a capacidade de melhorar ainda mais o padrão da energia cósmica que recebemos.

Por tudo isso, o que você precisa fazer agora é estabelecer a sua intenção nesta jornada do Poder Extrafísico.

Neste livro, você vai aprender sobre limpeza energética tanto pessoal quanto de ambientes; vai saber como lidar com as suas vibrações pessoais para melhorar sua existência, tudo ao seu redor e ser mais feliz; e entender como funciona esse mecanismo da vida. Porém, para que tudo isso lhe traga a verdadeira felicidade e para que você alcance resultados incríveis, você precisa ter intenções bem claras.

Mas por que tenho de definir as intenções agora? No Universo, tudo é cíclico – temos as quatro estações do ano, o sol se põe e nasce todos os dias. Da mesma forma, nossa vida também é cíclica. Assim como nosso aprendizado. Tecnicamente falando, a cada ciclo subimos um nível. Estabelecer suas intenções agora vai ajudar você a, depois de implementar todo o método, avaliar se subiu de nível, se ficou patinando no mesmo lugar ou se caiu.

Quais são as suas 3 principais metas nesta jornada?

O que o motivou a comprar este livro?

Por que ele chamou sua atenção? O que você quer do seu Poder Extrafísico?

Pegue o seu caderno do Poder Extrafísico e anote nele as suas três principais metas de vida agora. Ou aproveite o espaço a seguir para escrever. Por exemplo: melhorar a qualidade do meu emprego, sair da depressão, tornar-me mais próspero, aumentar minha alegria, ter mais felicidade em casa, aproveitar melhor o meu tempo.

Meta 1:

Meta 2:

Meta 3:

Se por qualquer motivo você não conseguir pensar em três coisas que queira conquistar, pense nos três maiores problemas que tem para resolver agora. Por exemplo: meu salário é baixo; meu marido não me respeita, minha esposa vive zangada comigo; meu trabalho não me anima; chego cansado do trabalho e não tenho força nem tempo para nada.

Escreva os três problemas em ordem de prioridade. Sim, nós sabemos que você, assim como a maioria das pessoas, tem um monte de problemas. No entanto, agora é hora de priorizar. Você deve escolher apenas os três maiores – suas três piores dores.

Problema 1:

Problema 2:

Problema 3:

Agora, em uma outra linha ou coluna, escreva a solução para cada problema. Por exemplo: se você tem um problema no trabalho, o que resolveria isso? Um aumento? Uma promoção? Novos desafios? Um trabalho mais inspirador, que o deixe plenamente satisfeito? Se seu problema são as brigas em casa, a solução pode ser ter mais harmonia. Se o seu problema é cansaço, a solução pode ser ter tempo para curtir a vida.

Problema 1:

Solução:

Problema 2:

Solução:

Problema 3:

Solução:

Com base nos seus três maiores problemas, você pode encontrar mais facilmente suas três principais metas.

De acordo com o poder da intenção, quanto mais você souber o que quer, mais força terá para atingir suas três principais metas. E, se estiver focado em apenas três problemas, vai ter muito mais energia.

"Mas e meus outros problemas?", você pode perguntar. Deixe-os de lado por ora.

Focar-se no que o incomoda mais agora é algo tão poderoso que vai afetar tudo em sua vida e melhorá-la cem por cento. Caminhe nesta metodologia com consistência e consciência de suas três principais metas e deixe a lei da intenção impressionar você.

Com suas metas definidas, escritas e organizadas, sempre que for estudar, dê uma olhada nelas e vá acompanhando quais são as novidades e acontecimentos; quais as técnicas que tem aprendido que o aproximam da realização de suas metas e da resolução dos problemas que estão atrapalhando você.

Acredite, esse simples e aparentemente inocente exercício vai traçar os fundamentos para você ter sucesso nesta jornada.

CAPÍTULO QUATRO

MITOS E ERROS SABOTADORES DO SEU PODER EXTRAFÍSICO

VOCÊ VAI COMEÇAR A ENTENDER O CAMINHO para ter o real e definitivo Poder Extrafísico com tudo o que precisa fazer, mas antes você precisa saber o que não fazer.

Em nossa jornada como professores, terapeutas e palestrantes, tivemos a oportunidade de desenvolver e aprofundar nossos estudos sobre a nossa energia e, com essa teoria aplicada à prática em consultório, com muitos resultados que foram sendo aprimorados até hoje, conseguimos perceber e destacar alguns elementos que realmente atrapalham a vida das pessoas.

Muito do que você vai ler aqui vai lhe parecer óbvio. Mas lembre-se que o senso comum não é a prática comum e, embora tudo seja muito simples, ainda cometemos erros bobos que põem tudo a perder.

Nosso objetivo nesta jornada é fazer com que você desenvolva seu Poder Extrafísico – que tenha mais magnetismo pessoal, mais força para enfrentar a vida e realizar seus sonhos, energia e intuição acima do normal, que desenvolva seu sexto sentido. Tudo isso é uma combinação de fatores. Quando você elimina os erros e os substitui por novas ações, encaixadas numa sequência apropriada e do jeito correto, o resultado aparece.

Apenas parar de fazer o que é errado – e não fazer o que é certo – pode não manifestar um resultado muito grande, mas com certeza já vai fazer diferença na sua vida. A partir do momento que você começar a identificar os erros que está cometendo, poderá vigiá-los para tirá-los da sua vida. Essa vigília é de extrema importância porque, do contrário, esses velhos hábitos arraigados voltam e você prejudica os resultados que já conquistou.

Você pode até ler este livro mais de uma vez, para refrescar a memória e se lembrar das práticas. Muitas vezes nós ficamos muito atentos às técnicas e nos esquecemos da base. Acontece que, quando você se esquece da base, as técnicas se tornam cada vez mais necessárias. Ao contrário, quando você cuida bem da base, precisa cada vez menos das técnicas, pois incorpora em seu dia a dia um jeito de pensar, sentir e agir que leva em consideração sua força extrafísica. E é isso que faz a grande diferença!

Antes de aplicar qualquer uma das técnicas, você pode fazer duas coisas para começar a ter resultados diferentes: cuidar das taxas de entrada e dos elementos que reforçam os três pilares básicos do Poder Extrafísico (que você verá detalhadamente no próximo capítulo); e eliminar os erros que descrevemos a seguir.

ERRO Nº 1: TRANSFERÊNCIA

Talvez este seja o mais grave de todos os erros: querer terceirizar seu desenvolvimento e seu poder energético.

Você pode pedir que alguém apare a grama do seu quintal, que corte seu cabelo, faça uma faxina na sua casa, ou conserte alguma coisa para você. Mas não pode transferir para ninguém a responsabilidade de desenvolver seu Poder Extrafísico. É como ir à academia ou estudar um idioma. Não é possível fazerem isso por você.

Com relação ao Poder Extrafísico, você pode até conseguir que façam para você alguma coisa que melhore algo muito pontual e momentâneo, mas vai ser temporário.

Se você quiser algo consistente, que lhe dê força, dure a sua vida inteira e que você possa usar na hora e do jeito que quiser, quando achar conveniente, precisa colocar uma coisa na sua cabeça: não é possível transferir. Você tem de assumir essa responsabilidade.

ERRO Nº 2: FALTA DE ESTUDO

Sem estudo não conseguimos fazer nada. Por mais intuitivo e esperto que você seja, por mais que "pegue as coisas no ar", não dá para sair fazendo as coisas sem estudar. O Poder Extrafísico é o conjunto de vários elementos e um deles é estudo e preparo constantes. Então, tire da sua cabeça a ideia de que vai ter todo sucesso sem estudar.

Não estamos dizendo que você precisa se tornar um acadêmico ou que tem de estudar horas e horas por dia, mas precisa estudar constantemente. O desenvolvimento e o preparo vêm do estudo, de ler livros, fazer cursos, participar de grupos – tudo isso para se desenvolver cada vez mais.

É claro que tudo o que você ouvir e aprender vai passar pelo seu filtro. Cabe a você levar essas informações para dentro do seu coração e ver se elas se aplicam ou não. Mas, da mesma maneira que não pode transferir a responsabilidade, você precisa estudar, se desenvolver sempre para aprender cada vez mais sobre o conceito de bioenergia, as influências que sofre, campo energético – tudo o que for relacionado à autodefesa psíquica, à proteção energética e espiritual, aos chacras, à medicina vibracional, à mediunidade, ao sexto sentido, ao desenvolvimento psíquico. Quanto mais você se desenvolve, mais as coisas mudam.

ERRO Nº 3: SEPARAÇÃO

Esta é outra coisa que talvez você não entenda: não há separação. Não existe separação entre mim e você, entre os problemas e a pessoa, pois tudo é um campo de energia.

Quando você ajuda uma pessoa que está com problema, você a está ajudando a lidar com um campo de energia. Agora, quando você priva essa pessoa de seu aprendizado, porque a ajudou de um jeito errado, não há separação: aquele campo de energia começa a envolver você. O fato é que, quando vemos uma pessoa com um problema, estamos vendo uma história de vida com um problema. Ninguém é vítima de nada – o campo energético nunca é separado da vida, da família, dos acontecimentos. A separação não existe e não pode ser feita.

O seu Poder Extrafísico não é como uma roupa de super-herói que você veste, se protege e fica isolado de tudo. Se não houver congruência em seus atos, você não vai conseguir se desenvolver. E esse desenvolvimento deve compreender uma visão holística do físico, do mental e do emocional. Não adianta transferir tudo para o lado extrafísico e não fazer sua parte básica. Não adianta querer desenvolver o Poder Extrafísico e guardar rancor no coração, não se tratar, não desenvolver seu emocional, não desenvolver seu propósito e sua missão de vida. Você não pode querer ter proteção energética e ser uma pessoa má, que só pensa no próprio umbigo. Isso é impossível.

Nada é separado de nada. Quando você for trabalhar seu Poder Extrafísico, vai ter de trabalhar o conjunto de emoções e pensamentos que o governam.

ERRO Nº 4: O CULPADO É...

Este é um dos erros que as pessoas mais cometem: colocar a culpa em alguém. Se você está sem poder pessoal, com a energia prejudicada, suja, densa, e diz que a culpa é de fulano, sicrano, do marido, da esposa, do cachorro, do vizinho, do governo, de algo que lhe aconteceu... – você está cometendo esse erro.

Como falamos anteriormente, não tem separação, então não existe culpa. O que existe é ação e reação. A pergunta que você precisa se fazer é: por que o que o outro fez me afetou? Por que o que aconteceu me afetou?

Quando se trata de vibração, energia cósmica e lei natural, não existe injustiça. Não existe bem ou mal. Uma coisa está sempre ligada a outra, ou seja, cada ação gera uma reação.

Então, precisamos entender definitivamente que não há culpados. Tire o conceito de culpa da sua cabeça. O que existem são influências. Você trocou energia com alguém e esse é o ponto principal. E, como veremos mais à frente, a troca de energia não é uma opção. Sua única opção é em qual sintonia quer vibrar.

ERRO Nº 5: PROTEÇÃO TEMPORÁRIA

Este é um erro muito sério, que muitas pessoas cometem: acreditar que serão protegidas somente por uma energia ancorada em amuletos. Com a ajuda de elementos externos você não vai conseguir a verdadeira proteção energética e o verdadeiro Poder Extrafísico. Mas esses amuletos ajudam? Claro que ajudam, mas apenas de forma muito pontual e temporária.

A verdadeira e suficiente proteção ou o Poder Extrafísico que muda sua vida, sua vibração e sua realidade só surge com a eliminação dos mitos e erros e com a construção dos três pilares do Poder Extrafísico.

Imagine que você conhece uma pessoa bastante comum, mas que saiu numa revista. Então ela lhe mostra essa revista e, nas fotos, aparece deslumbrante. Para começar, essa imagem está carregada de *Photoshop*. Além disso, existe por trás dela uma superprodução que essa pessoa é incapaz de sustentar em sua vida.

O mesmo vale para a proteção energética e o Poder Extrafísico. Você quer algo temporário ou permanente, que faça parte da sua natureza? Para ter esse poder permanente, você precisa sintonizar uma vibração elevada, baseada nos pilares essenciais da Filosofia dos Iniciados – fé e confiança na vida; foco em um propósito maior e o não julgamento.

ERRO Nº 6: INCOERÊNCIA ENTRE PENSAR E AGIR

Outro erro gravíssimo é a falta de coerência. As pessoas devem pensar e agir na mesma sintonia.

Vamos supor que você queira emagrecer. O que você faz? Marca uma consulta com um nutricionista e se inscreve em uma academia. Mas só isso não basta. Você precisa se alimentar seguindo as orientações, frequentar a academia e fazer as atividades propostas.

Não importa o que você queira fazer, é preciso ter coerência. Não adianta querer fazer um trabalho de proteção energética, de empoderamento, para melhorar seu magnetismo e o brilho nos seus olhos, se você não mudar o seu comportamento.

Não adianta praticar as técnicas se você não vibrar no conceito dessa filosofia de vida, do padrão moral e emocional necessários.

Existe uma passagem muito conhecida da Bíblia que fala do sepulcro caiado. Por fora é bem pintado, branco e organizado, mas por dentro há apenas ossos e podridão. Nós não podemos ser o sepulcro caiado.

Temos de falar, pensar, sentir e agir na vibração que queremos alcançar. Precisa haver coerência entre aquilo que você está estudando e o que está aplicando em seu íntimo e na sua conduta pessoal.

Não adianta querer desenvolver seu Poder Extrafísico e guardar ódio no coração e manter um padrão de vida e ética pessoal transgredidos. Tome cuidado com isso. Não seja o sepulcro caiado.

ERRO Nº 7: DEPENDÊNCIA

Você acredita que depende de coisas externas ou de outras pessoas para ter seu Poder Extrafísico? Amuletos, gurus, cônjuges – quando você se considera dependente, fala para o Universo e para a energia maior que, sem outra força, você é fraco e assim se desconecta de sua ligação com a Fonte Maior de energia.

Inconscientemente, você está enviando a mensagem de que sozinho não é nada, e reforçando esse padrão.

Muitas vezes vemos pessoas dependentes do que ensinam, do que aprendem, das pessoas ao seu redor, de objetos. Na verdade, o importante é aprender a colocar em prática tudo de bom que essas coisas lhe trazem, mas ser independente. E essa independência só vem da conexão com a força maior, com o seu propósito, com a sua essência.

Diariamente você deve convocar o seu poder pessoal. Mas como fazer isso? É muito simples. Toda vez que você sentir que a sua energia está diminuindo e você está desanimando, diga coisas como:

Eu convoco a minha força, meu poder pessoal e extrafísico, a força da minha missão pessoal, a minha energia mais forte, a energia da minha aura, a alegria e a força dos meus mestres de luz. Convoco a energia de exuberância, amor e paz, para que meu cérebro, minha mente, meus órgãos físicos e espirituais e minha força espiritual estejam com valores mais elevados. Convoco um nível de energia psíquica mais elevado. Convoco uma força de cura, de paz e de harmonia mais elevadas. Convoco o positivismo. Convoco a energia da gratidão pela vida. Convoco todas as bênçãos que existem no meu coração. Convoco a mesma força que inspirou os grandes mestres a grandes feitos. Convoco todas as forças de luz e de amor que possam atuar em mim, para eu ser feliz, realizar o que tenho que realizar e ser o que posso ser.

Você pode usar suas palavras, claro. No momento em que você faz essa convocação, é como se dissesse ao Universo: "venha até mim que eu estou firme". E, então, já não depende de mais nada. Veja como é simples. Você vai falando e vai se animando. Isso o deixa presente no aqui e no agora. O passado já passou, o futuro ainda não veio e precisamos criá-lo com base em um agora bem vivido e feliz.

As pessoas e situações vão e vêm em nossas vidas. Às vezes podemos até sofrer com isso. Muitas vezes encontraremos quem saiba bem mais que nós sobre diversos assuntos. Nós aprendemos tudo o que podemos, mas não ficamos presos a elas, porque não somos colados e precisamos seguir adiante para fazer a nossa parte.

ERRO Nº 8: SINTONIAS SÃO EVITÁVEIS, TROCAS NÃO

Já vimos que não existe separação, que tudo faz parte de um campo energético. Isso já foi provado pela física quântica. Na tentativa de encontrar e isolar a menor parte da matéria, a parte indivisível, pesquisadores descobriram que isso não era possível, pois tudo se transformou em um campo de energia. Isso mostrou que não há separação entre o corpo físico e o corpo energético. Ou seja, tudo tem um campo de energia que está diretamente relacionado ao corpo material. A física clássica, por sua vez, nos ensina que, no Universo, tudo é matéria ou energia. Matéria é a energia condensada; e energia é a matéria dispersa. São transformações de um mesmo princípio vital e inicial.

O que isso tem a ver com o seu Poder Extrafísico? Isso significa que você pode evitar a troca de energia com as pessoas, os ambientes e as situações. A única coisa que você pode escolher é a sua sintonia.

Deve-se estar sempre muito atento a isso. Você pode, por exemplo, escolher ligar a televisão e assistir a noticiários e programas que exploram tragédias e notícias ruins. Nesse caso, ficará na sintonia da vibração de coisas ruins. Mas você também pode optar por sintonizar coisas boas e se ligar a um grupo de pessoas que pensam parecido, a uma música legal, a um curso interessante, a um bom livro ou a uma palestra construtiva.

Você pode escolher a sintonia das coisas a que quer se ligar, mas a troca de energia é inevitável. Qualquer contato ou pensamento gera uma troca energética. Sim, trocamos energia com tudo, o tempo inteiro, presencialmente e a distância.

Se você pensar agora no hospital em que esteve, vai sintonizar a energia do hospital. Se pensar na sua sogra com alegria, vai trocar energia com ela de maneira alegre, mas, se pensar nela com raiva, vai trocar energia com ela com raiva. Se pensar "que vontade de comer um chocolate", vai fazer com que essa energia passe pelo seu corpo. Mas, se pensar no chocolate e que não vai comê-lo porque não é tão bom assim, esse é o tipo de energia que vai fazer circular.

Quando pensamos em alguém, trocamos energia com essa pessoa. Por isso, se há alguém que lhe traz problemas, alguém com quem você tem conflito, a melhor coisa a fazer é não pensar nessa pessoa, não falar dela, para não trocar energia. Este é um grande erro que as pessoas cometem: ficar falando do que não gostam.

Quando você conta, comenta, relembra o quanto alguém lhe fez mal, o quanto uma situação é ruim, como recebeu um diagnóstico negativo, como está sem dinheiro, sem saúde, como seu relacionamento ou seu trabalho estão indo mal, você vibra nesta sintonia e troca energia com ela. Sem perceber, está reforçando o padrão de algo de que não gosta. Por que ficar preso a coisas que fazem mal a você, por que ler sobre pessoas que destruíram a humanidade e fizeram muito mal, se você pode estudar sobre pessoas inspiradoras, que tentaram melhorar o mundo?

Como não é possível evitar a troca de energia, apenas escolher a sintonia da troca que vai fazer, agora é a hora de você escolher: para o que vai dizer "chega"? Programas de TV ruins? Companhias nocivas? Falar mal dos outros? Reclamar da vida? Lembre-se de suas taxas de entrada e que as trocas são inevitáveis, mas a sintonia é opcional.

É possível resolver problemas em sua vida apenas sintonizando campos de energia melhores. Você pode enfrentar uma situação difícil com um sorriso, respirando melhor antes, não falando de coisas de que não gosta.

Tudo aquilo com que se conecta, você ajuda a cocriar e reproduzir. Resta saber o que quer continuar abastecendo. Quer fazer um teste? Mande agora mesmo três mensagens para três amigos (pode usar e-mail, SMS, WhatsApp ou Facebook) apenas para lhes dizer como são pessoas incríveis. Agora, se quer destruir sua sintonia, mande essas mesmas três mensagens criticando, xingando ou falando mal de alguém.

A escolha é sua. Mas só da sintonia, não da troca.

Quando você tem poucos resultados ou resultados ruins, pode ter certeza de que está deixando de lado as taxas de entrada ou cometendo alguns desses erros. A partir de agora você vai precisar vigiar o tempo inteiro para não deixar que esses mitos e erros tomem conta da sua existência. Quando os encontrar, elimine-os da sua vida.

Antes de prosseguir neste livro, gostaríamos de propor dois exercícios. Pare agora a leitura e escreva – no seu caderno ou no espaço a seguir – quais foram as três principais sacadas que você teve enquanto lia este capítulo. Elas podem ou não ter a ver com o método e com o que você acabou de ler. Por exemplo: percebi que estava sempre colocando a culpa nos outros; percebi que tenho mais poder do que imaginava, etc.

1. ______________________________________

____

____

____

____

2. ______________________________________

____

____

____

____

3. ______________________________________

____

____

____

____

Agora, para encerrar, escreva quais desses oito erros você percebeu que estava cometendo. Não importa se é apenas um ou se são os oito. É importante reconhecer o que vinha fazendo de errado.

Os itens que eu preciso melhorar são:

____

____

____

____

____

____

Esses dois exercícios ajudam a deixar sua mente clara e organizada para absorver melhor o que aprendeu até agora. Nos próximos capítulos, abordaremos questões mais técnicas e ensinaremos ferramentas de limpeza energética, mas elas terão poucos resultados se você não cuidar da sua base.

Sempre que preciso, volte a esse conteúdo inicial para manter a conexão com as metas que estabeleceu no começo do livro, uma boa alimentação das taxas de entrada e o controle dos erros. Só isso já vai lhe trazer melhorias e um grande campo de possibilidades.

CAPÍTULO CINCO

O SEGREDO DO PODER EXTRAFÍSICO: O TRIÂNGULO DOS INICIADOS

COMO ABANDONAR OS PENSAMENTOS NEGATIVOS? Como proteger sua energia? Como limpar sua energia pessoal e do ambiente em que você vive? Como lidar com invasões? Como lidar com interferências energéticas? Diante das necessidades percebidas – tanto as nossas quanto as de nossos consultantes, começamos a organizar todo o conteúdo que tínhamos. E foi daí que nasceu este método, estruturado com base em muito teste, muita experimentação, erros e acertos, pesquisas e comprovações.

O que você vai encontrar neste livro é a construção de um método que ajudou milhares de consultantes e alunos a alcançarem um maior Poder Extrafísico.

Nós temos certeza de que você pode conquistar uma energia maior, lidar melhor com questões e situações da vida que, de outra forma, não seria possível enfrentar. Mas, para isso, é muito importante que você siga o método. Muitas pessoas decidem fazer só a parte de que mais gostam ou o que acham mais legal e assim acabam se privando da oportunidade de desenvolver um Poder Extrafísico excepcional.

Se você quer um resultado incrível, não pegue atalhos! Este método funciona! Ele é o guia definitivo que vai lhe revelar os nossos segredos, os exercícios diários que indicamos e fazemos para manter um nível elevado de sáude, energia, prosperidade e plenitude.

O método está pautado em *três pilares*. São elementos simples e objetivos que chamamos de *Filosofia dos Iniciados* ou *Triângulo dos Iniciados*:

1. FÉ E CONFIANÇA INABALÁVEIS NA VIDA

A sua energia se mantém lá em cima quando você possui fé e confiança inabaláveis na vida. Descobrindo e aplicando esse conceito poderoso em seu dia a dia, você vai perceber como o seu Poder Extrafísico vai surgir naturalmente. A sua energia, o seu poder pessoal e o seu magnetismo vão melhorar muito com esse importante pilar.

A fé, a confiança e o positivismo devem estar sempre presentes em todas as situações. Ao alicerçar o seu modo de viver de acordo com essa filosofia, você vai parar de perder energia para poder ir mais além na sua vida.

2. CONHECER SUA MISSÃO DE VIDA E VIVER POR UM PROPÓSITO MAIOR

Este pilar diz respeito à capacidade de buscar um propósito, ou seja, viver por algo a mais e não por viver. Quando você descobre a sua missão e estrutura a sua vida com base nela, tudo começa a fazer sentido. Assim, há um significado na sua existência e você passa a contar com uma força energética poderosa.

Ter um propósito em cada causa e viver por uma missão traz uma força extrafísica que vai fazer diferença para você. Com ela, você vai ter mais energia e ânimo para mudar a sua realidade e seguir a sua jornada.

3. NÃO JULGAR

Isso é uma armadilha que pega todo mundo, pois ninguém sabe que ao falar de uma pessoa há uma troca de energia com ela. Julgar é trocar energia. Se você julgar qualquer ser humano trocará energia com ele. Se essa pessoa ainda é do mal, faz coisas ruins, você já está trocando energia com ela só pelo fato de criticá-la. Isso pode estar prejudicando fortemente o seu Poder Extrafísico.

Se alguém lhe faz mal e você fica comentando com outras pessoas sobre o assunto, já sabe, está trocando energia com ele. Como consequência, você se sente ainda pior do que antes. Essa atitude só lhe faz mal, drena a sua energia e não leva a lugar algum.

Então, a escolha é sua: com quem você quer falar, sobre o que você quer falar, o que você quer fazer. Mas uma vez que decidiu criticar e julgar as atitudes dos outros você estará drenando o seu campo energético.

Você pode evitar a sintonia com aquela pessoa que baixa a sua vibração, com determinados grupos que só sabem reclamar da vida ou com lugares que lhe fazem mal. O julgamento consegue roubar a sua energia, pertubar a sua paz e atrapalhar o desenvolvimento do seu Poder Extrafísico.

Esses três pilares são as alavancas de sucesso dos iniciados – seres que mudaram o mundo, mas cuja sabedoria se perdeu ao longo da história. Quando você estrutura sua confiança e sua fé de acordo com a capacidade de buscar um propósito, de viver por algo mais, e elimina – mesmo nas coisas mais simples – o julgamento, consegue potencializar sua energia de forma inexplicável aos olhos comuns, que só enxergam o mundo sob a ótica da medicina ocidental. É isso que queremos ajudá-lo a fazer nos próximos capítulos.

Esperamos que você entenda o método e comece a construir os alicerces da sua vida. Talvez consiga alguns resultados em cinco minutos. Algumas técnicas podem até fazer com que você tenha resultados em segundos. Já outras podem demorar um pouco mais. Há ainda aquelas pelas quais você vai se apaixonar na hora.

Acima de tudo, nosso objetivo é que você viva de acordo com a filosofia deste método. Por isso temos de lhe dar um aviso importante: você não tem como transferir a responsabilidade da aplicação desse conhecimento para outra pessoa. Você até pode ensinar o que aprender, mas jamais poderá pedir que alguém aplique a prática em você. Só se conquista a verdadeira proteção energética e o Poder Extrafísico com comprometimento.

Nós acreditamos que você pode encontrar seu caminho de luz em todas as áreas da sua vida. Para isso, só precisa juntar as peças certas para fazer a transformação de que necessita. E nosso compromisso com você é ajudá-lo nessa caminhada rumo à sua transformação e ao seu desenvolvimento pessoal. Em resumo, à sua felicidade.

Agora você vai começar a ver como colocar na prática da sua vida esse conhecimento com as técnicas, os caminhos e as estratégias comprovadas dos próximos capítulos que farão você ter um surpreendente salto de ânimo e energia.

CAPÍTULO SEIS

A SUA USINA SECRETA DE ENERGIA

TUDO O QUE SE MANIFESTA EM NOSSO UNIVERSO material é feito de energia em estado livre ou condensado. O que podemos tocar, como uma cadeira, um objeto qualquer ou mesmo as nossas mãos, trata-se de energia agrupada. E aquilo que não vemos, mas podemos sentir, trata-se de energia solta, dispersa e livre, como a força do vento ou a luz do sol tocando nossa pele, por exemplo.

Desde o início do pensamento humano, todos nós buscamos explicar os fenômenos da natureza e hoje tanto a física clássica quanto a física quântica concordam que tudo o que existe está em diferentes estados de energia e que somos feitos das mesmas partículas com as quais o Universo foi criado. Nesse aspecto, fomos feitos à imagem e semelhança do Criador, pois somos constituídos da mesma energia cósmica que permeia tudo o que existe.

Há mais ou menos dez mil anos, os hindus especializaram-se no estudo da energia do corpo humano, dando origem ao que hoje conhecemos como Medicina Ayurvédica.

Essa denominação parte dos Vedas, as sagradas escrituras hindus dadas pelo Deus Brahma aos humanos com a finalidade de que chegássemos mais rápido ao nosso estado de iluminação. "Veda" significa conhecimento e certamente o povo hindu sempre esteve muito adiantado em seus estudos sobre a energia humana, tanto que até os dias atuais é um mistério compreender como eles detinham tanto conhecimento sem os modernos equipamentos que encontramos hoje na tecnologia.

Nessa tradição, encontra-se o estudo dos chacras, que se mantém vivo até os tempos atuais por reunir um esquema lógico de interação entre os centros de energia do nosso corpo e as sete glândulas endócrinas principais, que são capazes de secretar hormônios e diversas substâncias fundamentais para a manutenção da nossa saúde.

Nesse contexto, a palavra "chacra" significa roda ou centro energético, fluxo, redemoinho ou simplesmente roda de luz. Na Índia a pronúncia correta é "T'chakra", mas aqui no Brasil falamos chacras. Eles são rodas de energia ou vórtices de luz presentes em nosso corpo. As principais literaturas de bioenergia falam em noventa mil chacras presentes no nosso corpo, mas existem muito mais.

Sete chacras são os grandes centros gerenciadores de energia responsáveis pelos chacras menores. Eles têm a função de captar a energia do ambiente e distribui-la de forma natural e inteligente pelas camadas de nosso corpo até que essa energia abasteça nossas glândulas endócrinas principais e os órgãos ligados a cada uma delas.

Se recebemos e distribuímos energia de qualidade e compatível com a nossa natureza, nossas glândulas, órgãos e tecidos são vitalizados e têm cada vez mais saúde. O contrário também é verdadeiro: se recebemos e distribuímos energia desqualificada e incompatível com a nossa "máquina" humana, nosso sistema interno sofre uma desvitalização, que resulta em doença.

Essa relação é muito simples e foi amplamente constatada na nossa experiência de mais de 15 anos em consultório atendendo milhares de pessoas. Existem energias compatíveis com nossa natureza e elas nos trazem saúde, mas também há energias desqualificadas e muito incompatíveis com nosso corpo e elas nos deixam doentes.

Mas, então, que energias são essas?

São as provenientes dos nossos pensamentos, sentimentos e emoções. E nós temos um sistema interno inteligente muito capaz de identificar se é bom ou ruim aquilo que pensamos e sentimos. É algo automático e inerente à nossa natureza: sabemos que raiva nos faz mal e que amor nos faz bem. Simplesmente sabemos!

A questão é que, se alguém sente uma mágoa por anos a fio, ela se instala em nosso corpo materializando-se de uma forma alheia ao nosso sistema e pode se transformar em algo estranho ao nosso organismo: um cisto, um cálculo, um tumor ou alguma patologia.

A mágoa não é condizente com o nosso sistema: é como colocar o combustível errado em um carro: ele não liga, não anda ou perde performance, pois não fomos feitos para sentir mágoa.

A nossa natureza é o amor, a compaixão, a fé, o prazer, a alegria, o otimismo, a motivação, a harmonia, a felicidade, a gratidão, o respeito, a admiração, a devoção, o altruísmo, o contentamento e a luz.

Os grandes mestres espirituais nos dizem que a nossa missão aqui na Terra é expressarmos nossa beleza e sermos muito felizes, como um gato brincando em um jardim. Então, quando vivemos na simplicidade dos bons sentimentos e pensamentos, além de conectados à natureza, temos felicidade plena.

Se estamos mergulhados em uma vida corrida, agitada, estressada, no piloto-automático e conectados a sentimentos e pensamentos ligados à raiva, à mágoa, ao medo, ao estresse, à preocupação, à competição, à angústia, à euforia, a paixões obsessivas, a desejos desenfreados, à ansiedade, à vingança e a tantos outros, vamos nos distanciando da fonte de saúde que encontramos nos sentimentos elevados.

O homem foi feito para sentir amor: esse é o nosso maior combustível, que nos traz estabilidade e alta performance em tudo o que fazemos. O amor é o que nos traz prazer, alegria, saúde e vitalidade.

O amor rejuvenesce! E não estamos falando apenas do amor romântico, mas do amor universal presente em tudo o que é vivo. Nesse quesito, a natureza tem muito a nos ensinar. É impossível não sentir o amor do Criador Universal contemplando uma flor ou uma árvore.

A beleza e o frescor de uma floresta, além da energia presente em cada elemento responsável por forjar o crescimento de uma espécie, são nítidos quando observamos a natureza. E os chacras estão presentes em cada flor, em cada árvore, em cada partícula, alimentando de energia divina tudo o que está vivo.

Aquele pássaro que canta ao amanhecer tem um chacra em sua garganta que o abastece de energia divina! A íris dos seus olhos possui chacras que os abastecem de luz para que você possa enxergar.

A Via Láctea é um chacra do nosso Universo, e o Sistema Solar é um chacra da nossa Galáxia. Aquele ciclone que passa de vez em quando é o exemplo perfeito de um chacra, um vórtice de energia que está presente em todas as coisas. Costumamos dizer que um ciclone ou furacão é um chacra materializado.

Se você quer conhecer melhor o seu corpo, as suas emoções, os seus pensamentos e os seus sentimentos, enfim, quem é de verdade, precisa conhecer melhor os seus chacras.

Quando falamos de Poder Extrafísico, essa necessidade é maior ainda, porque todas as vezes que você aplicar as técnicas e exercícios que apresentamos aqui, estará acionando os seus chacras. Assim como todas as pessoas que recebem os resultados dessas práticas, os animais de estimação também recebem os benefícios e curas por meio de seus chacras.

A seguir, você terá os nomes e as funções dos principais chacras. Nós estamos lhe apresentando com o nome popular simplificado como números e a versão original em sânscrito para que você possa ter noção da origem desse conhecimento. Contudo, o nome não é o que mais importa, e sim os aprendizados associados.

Acho que você já percebeu que esse é um conhecimento importante, não é mesmo? Então, vamos conhecer os principais chacras humanos?

PRIMEIRO CHACRA OU *MULADHARA*

É o chacra conhecido como base ou raiz e localiza-se na região do períneo, que é o espaço onde está a pele existente entre o ânus e os órgãos sexuais. A missão desse ponto de energia é nos fazer andar sobre a Terra de forma leve, feliz e harmoniosa. É vinculado às glândulas suprarrenais e à produção de adrenalina. Quando está em equilíbrio, produz o espectro vermelho. Esse chacra se desequilibra quando não conseguimos desenvolver nossa caminhada em razão de falta de estrutura, por não termos supridas as nossas necessidades básicas. Quando fica por muito tempo em desequilíbrio, podem ocorrer doenças nos ossos, no sangue, na coluna vertebral, nas pernas e nos pés. O primeiro chacra é associado ao elemento terra.

Sentimentos, pensamentos e emoções associadas ao desequilíbrio do primeiro chacra: problemas familiares, excesso de responsabilidade pessoal, profissional ou familiar. Dificuldades na estrutura de vida como falta de dinheiro, emprego ou moradia. Quando as necessidades básicas não estão supridas.

Aspectos da consciência despertados quando o primeiro chacra está em equilíbrio: energia de sobrevivência e bom funcionamento físico, estrutura de base, força de base, equilíbrio nas finanças, no trabalho e boa percepção de si mesmo (autoconsciência).

SEGUNDO CHACRA OU *SWADHISTANA*

O nosso segundo chacra é conhecido como sexual. Localiza-se sobre os órgãos sexuais. A missão desse plexo é que tenhamos sucesso e harmonia nos relacionamentos, em nossa autoestima e em sentir prazer em viver a vida. É vinculado às glândulas sexuais, à produção de testosterona nos homens, e à progesterona nas mulheres. Quando está em equilíbrio, produz o espectro da cor laranja.

Esse chacra se desequilibra quando não conseguimos nos relacionar de forma harmoniosa com as outras pessoas e conosco. Quando fica por muito tempo em desequilíbrio, podem ocorrer doenças físicas na região dos órgãos sexuais e do baixo ventre. É associado ao elemento água, que representa o líquido amniótico do útero materno.

Sentimentos, pensamentos e emoções associadas ao desequilíbrio do segundo chacra: dificuldades nos relacionamentos com cônjuges, parentes, amigos e consigo mesmo. Autopodar-se de realizações na vida, falta de aceitação do corpo, baixa autoestima e dificuldade em viver os prazeres da vida.

Aspectos da consciência despertados quando o segundo chacra está em equilíbrio: equilíbrio da sexualidade, vínculos e relacionamentos. Prazer pela vida, autorrespeito, autoestima e autoconfiança.

TERCEIRO CHACRA OU *MANIPURA*

O nosso terceiro chacra é vinculado ao centro de energia conhecido como umbilical. A missão do terceiro chacra ou plexo solar é exercer o nosso poder pessoal na Terra de forma equilibrada, não permitindo que o ego negativo vença, mas também impedindo que exista vitimização e autopiedade. Poderíamos dizer que a missão desse chacra é contribuir para que vivamos a vida com sabedoria, trilhando o caminho do meio, através da compaixão, da tolerância e do contexto de eternidade.

O terceiro chacra é vinculado aos órgãos do sistema digestivo e à produção de insulina, suco gástrico, diversos ácidos e outras substâncias estomacais. Quando está em equilíbrio, produz o espectro amarelo, a cor vinculada ao poder e à sabedoria. Esse corpo se desequilibra quando não conseguimos exercer o nosso poder de forma harmoniosa e nos descontrolamos, produzindo raiva, medo, mágoa, ansiedade, compulsão, paixões obsessivas e tantas outras emoções negativas!

Quando fica por muito tempo em desequilíbrio, podem ocorrer doenças físicas nos órgãos vinculados à digestão: fígado, estômago, intestinos, baço e pâncreas. No desequilíbrio desse chacra é que muitas vezes nos perdemos nas paixões, obsessões e desejos desenfreados. É a força mais difícil de ser equilibrada.

É associado ao fogo, que é um elemento volátil. Quando em desequilíbrio, pode tanto se apagar quanto causar um incêndio com grandes danos ao nosso corpo, mente e espírito. Se equilibrado, é como uma fogueira, capaz de nos aquecer e auxiliar no cozimento de nossos alimentos. Esse fogo representa a nossa vontade incendiada, equilibrada ou apagada.

Sentimentos, pensamentos e emoções associadas ao desequilíbrio do terceiro chacra: raiva, medo, insegurança, mágoa, tristeza, remorso, arrependimento, não engolir a vida, falta de aceitação, intolerância, desejos não realizados, ansiedade, angústia, pânico, não perdoar, se vitimizar, excesso de infantilidade, falta de flexibilidade, carência afetiva, vergonha, culpa.

Aspectos da consciência despertados quando o terceiro chacra está em equilíbrio: poder pessoal, alegria, autoconfiança, coragem, emoções e desejos equilibrados, tolerância, perdão, gratidão, respeito e equilíbrio de modo geral.

QUARTO CHACRA OU *ANAHATA*

Conhecido como cardíaco, a missão do nosso quarto chacra é o equilíbrio entre nosso "eu terreno" e nosso "eu divino". Vinculado ao sentimento de amor, compaixão, sabedoria, paz, equilíbrio e cura, o quarto chacra é associado aos órgãos do sistema cardíaco e respiratório e à produção de hormônios da glândula timo.

Quando está em equilíbrio, produz o espectro verde, a cor vinculada ao equilíbrio, à cura e ao amor universal. Esse chacra se desequilibra quando não conseguimos amar com equilíbrio e quando nos deixamos levar pelos apegos e pelo materialismo excessivo. Quando fica por muito tempo em desequilíbrio, podem ocorrer doenças físicas nos órgãos vinculados ao sistema cardíaco e respiratório: coração, sistema vascular e pulmões.

O quarto chacra está associado ao elemento ar, aos pulmões, à respiração e ao coração, que revela o poder sublime do amor verdadeiro, incondicional e compassivo. Esse chacra em equilíbrio nos revela uma sensibilidade romântica, sutil e amorosa.

Sentimentos, pensamentos e emoções associadas ao desequilíbrio do quarto chacra: sentimentos reprimidos, tristeza, não achar graça na vida, materialismo excessivo, falta de compreensão, falta de sensibilidade, excesso de apego por tudo, dores de perda e abandono.

Aspectos da consciência despertados quando o quarto chacra está em equilíbrio: sentimentos nobres, altruísmo, amor romântico, amor universal e incondicional, amor por si mesmo, intuição, sabedoria, compaixão, discernimento.

QUINTO CHACRA OU *VISHUDDA*

Conhecido como laríngeo, a missão desse chacra é a comunicação e a expressão de nosso "eu divino". Ele também está vinculado à realização de projetos, metas e objetivos, ou seja, colocar em prática aquilo que se deseja.

Esse chacra é associado à garganta, às glândulas tireoide e paratireoide e à produção de tiroxina, um hormônio que purifica o sangue e regula o peso do corpo físico.

Se está em equilíbrio, produz o espectro azul claro, a cor vinculada à paz celeste e à tranquilidade. Esse chacra se desequilibra quando não conseguimos expressar nossos ideais por meio da fala, dos gestos, da escrita ou das artes, ao bloquearmos nossas formas de expressão por vergonha ou timidez. Quando fica por muito tempo em desequilíbrio, podem ocorrer doenças físicas na região da garganta, dos ombros, dos braços e das mãos – que são extensões de nossa garganta.

Associado ao elemento som, quando em equilíbrio, esse chacra emana para o Universo o sinal sonoro correspondente a tudo o que desejamos materializar e realizar. É a força da materialização que reside em nossa garganta (através das palavras que proferimos) e em nossas mãos (através das ações que realizamos), para captar uma energia imaterial e transformá-la em realização material.

Sentimentos, pensamentos e emoções associadas ao desequilíbrio do quinto chacra: não conseguir falar, não conseguir opinar, não conseguir verbalizar ou expressar os sentimentos, engolir os sentimentos reprimidos, não conseguir colocar em prática os projetos, procrastinar.

Aspectos da consciência despertados quando o quinto chacra está em equilíbrio: autoexpressão, criatividade, materialização de ideias, realizações, inteligência em ação.

SEXTO CHACRA OU *AJÑA*

Conhecido como frontal, a missão do sexto chacra é a sincronização de nossa mente com os ideais e os objetivos da Mente Divina para que possamos realizar, por meio de nossos pensamentos, os projetos divinos.

Ele também está vinculado à consciência espiritual e à criação de realidades supremas. Também está ligado ao lobo frontal, aos olhos, aos ouvidos e às narinas, conectando-se ao corpo físico por meio da glândula hipófise ou pituitária. Se está em equilíbrio, produz o espectro azul índigo, a cor vinculada à consciência, à Mente Divina, ao conhecimento e ao discernimento.

Esse chacra se desequilibra quando não conseguimos organizar nossos pensamentos, quando há confusão mental e ideias fúteis, desconectadas da Mente do Grande Criador.

Quando fica por muito tempo em desequilíbrio, podem ocorrer doenças físicas na região dos ouvidos, do nariz, dos olhos e do cérebro. É associado ao elemento luz, o que pode ocorrer em práticas muito profundas, meditativas e contemplativas. Nesse nível, a mente se torna una com a mente de Deus, e os poderes mentais adquirem aspectos divinos.

Esse é um dos chacras mais difíceis de se obter equilíbrio, pois o psiquismo contaminado da Terra, somado à mente agitada do homem moderno, causa bloqueios tão grandes, que dificilmente a energia cósmica consegue permear o sexto chacra livremente sem encontrar nenhum bloqueio. Existem relatos de gurus e grandes iniciados que mencionam esse nível como o encontro com a "Mãe Divina", mas para isso são necessárias práticas avançadas de yoga, meditação e contemplação.

Sentimentos, pensamentos e emoções associadas ao desequilíbrio do sexto chacra: ceticismo, materialismo excessivo, excesso de preocupações na vida, não saber dar limites na vida, excesso de negatividade, raiva do mundo, futilidade, dificuldade em viver a vida, excessiva visão racional e lógica de tudo.

Aspectos da consciência despertados quando o sexto chacra está em equilíbrio: responsabilidade por si mesmo, discernimento, inteligência, consciência, intuição, clarividência, cocriação do Universo.

SÉTIMO CHACRA OU *SAHASHARA*

Chamado de coronário ou da coroa, é também conhecido como chacra akhásico, ou seja, o chacra em que reside nosso *akasha*, a morada do espírito, onde constam nossos registros, nossas memórias, nosso inconsciente e nosso DNA espiritual.

A missão do sétimo chacra é a conexão com a Fonte Divina, nosso relacionamento espiritual, com o sentimento de amor divino e a fé. Esse corpo é vinculado ao cérebro, conectando-se ao corpo físico por meio da glândula epífise ou pineal, controlando a produção das glândulas de todos os chacras antes citados.

Quando está em equilíbrio, produz o espectro violeta, branco ou dourado, cores vinculadas à Divindade. O sétimo chacra desequilibra-se quando não conseguimos desenvolver a espiritualidade, quando existe ceticismo, falta de fé e de relação com o Divino. Quando fica por muito tempo em desequilíbrio, podem ocorrer doenças degenerativas do cérebro, síndrome do pânico, depressões e tendência suicida.

No momento da meditação, a energia que sobe pelos chacras chega a esse nível pouco conhecido (raros são os relatos), assume a forma da própria energia cósmica e transita livremente pelo nosso espírito, proporcionando o processo ascensional de libertação da matéria, pois há a completa compreensão e realização da missão da alma. Raros são os que já atingiram esse ápice, que normalmente se dá com gurus, santos e Grandes Mestres da Humanidade.

Sentimentos, pensamentos e emoções associadas ao desequilíbrio do sétimo chacra: negligência espiritual, alienação da causa e missão pessoal, falta de fé, incredulidade, não aceitar o mundo, não se ligar a uma consciência divina, não crer em Deus, rejeitar sua origem e criação.

Aspectos da consciência despertados quando o sétimo chacra está em equilíbrio: ligação com a essência da alma, vontade e propósito espiritual, missão da alma e sentido da vida.

Analisando os chacras, podemos perceber que cada um deles representa um "eu" separadamente. Unidos, formam o ser humano integral, que possui muitos desafios a cumprir em cada um desses aspectos.

Tudo o que acontece nesses sete centros não materiais é refletido no corpo físico. E tudo aquilo que fazemos ao nosso corpo físico é gravado nos chacras e ecoa pela eternidade. Embora abandonemos nosso corpo físico no final de cada vida, ele deve ser honrado, cuidado e preservado, para que os corpos sutis estejam sempre saudáveis e para que a força da energia cósmica consiga fluir livremente pelos chacras com equilíbrio e propósito.

Tabela 1: Chacras, suas características, classificações e relações

Chacra	Nome em sânscrito	Aspecto da consciência	Cor	Mantra	Localização	Zonas do corpo correspondentes	Glândulas	Hormônios	Elemento	Nota musical	Nº de pétalas
7.Coronário	*Sahashara*: significa lótus das mil pétalas	Ligação com a essência da alma, vontade e propósito espiritual, missão da alma, sentido da vida	Violeta	-	Alto da cabeça	Parte superior do cérebro	Epífise ou pineal	Serotonina	-	Si	972
6.Frontal	*Ajña*: significa centro de comando	Responsabilidade por si mesmo, discernimento, inteligência, consciência, intuição, clarividência cocriação do Universo	Índigo	Om	Centro da testa a aprox. 1cm acima das sobrancelhas	Olhos, têmporas, sistema nervoso	Hipófise ou pituitária	Vasopressina	-	Lá	96
5.Laríngeo	*Vishudda*: significa o purificador	Autoexpressão, criatividade, materialização de ideias, realizações, inteligência em ação	Azul	Ham	Garganta	Garganta, boca, ouvidos	Tireoide e paratireoide	Tiroxina	Éter	Sol	16
4.Cardíaco	*Anahata*: significa o inviolável	Amor, sentimentos, altruísmo, amor por si mesmo, intuição, sabedoria, compaixão, discernimento	Verde	Yam	Região central do peitoral	Coração, sistema circulatório sangue	Timo	Hormônio do timo	Ar	Fá	12
3.Umbilical	*Manipura*: significa cidade das joias	Poder pessoal, alegria, perdão, autoconfiança, coragem, emoções, desejos, equilíbrio, tolerância, gratidão, respeito	Amarelo	Ram	Estômago	Fígado, baço, estômago, intestino delgado, vesícula biliar	Pâncreas	Insulina	Fogo	Mi	10
2.Sacro	*Swadhistana*: significa morada do prazer	Sexualidade, relacionamentos e vínculos, prazer pela vida, autorrespeito, autoestima	Laranja	Vam	Abdômen inferior, 3cm abaixo do umbigo	Abdômen inferior, útero, intestino grosso, sistema reprodutor	Gônadas, ovários e testículos	Testosterona e progesterona	Água	Ré	6
1.Básico	*Muladhara*: significa base	Energia de sobrevivência e funcionamento físico, estrutura de base, forças de base, relacionado ao dinheiro, trabalho, percepção de si mesmo	Vermelho	Lam	Base da coluna	Rins, bexiga, reto, coluna vertebral, quadris, ossos, sangue	Suprarrenais	Adrenalina e neuroadrenalina	Terra	Dó	4

** O chacra só vibra na cor especificada se estiver em equilíbrio, caso contrário pode vibrar em diferentes tonalidades*

Tabela 2: Doenças/desequilíbrios x causas x chacras relacionados

	Localização na aura	Localização no corpo físico	Alguns comportamentos que podem gerar desequilíbrios	Algumas doenças que os desequilíbrios podem gerar
7. Coronário	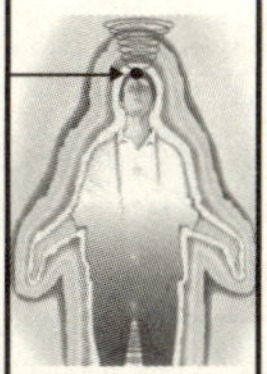	Alto da cabeça	Negligência espiritual, alienação da causa e missão pessoal, falta de fé, incredulidade, não aceitar o mundo, não se ligar a uma consciência divina, não crer em Deus, brigar com Deus, rejeitar sua origem e criação etc.	Desequilíbrio do relógio biológico e do sono. Estado de torpor constante. Estado de espírito alterado. Desarmonia no vínculos entre corpo físico e corpos sutis. Não integração total da personalidade com a vida e os aspectos espirituais. Tumores no cérebro. Obsessões espirituais. Depressões. Mal de Alzheimer. Mal de Parkinson. Esquizofrenia. Epilepsia. Influencia a função de todos os outros chacras.
6. Frontal	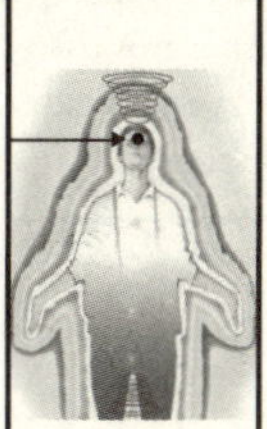	Centro da testa a cerca de 1 centímetro acima das sobrancelhas	Ceticismo, materialismo excessivo, excesso de preocupações na vida, não saber dar limites na vida, excesso de negatividade, raiva do mundo, futilidade, dificuldade em viver a vida, excessiva visão racional e lógica de tudo etc.	Incapacidade de visualizar e compreender conceitos mentais. Incapacidade de pôr ideias em prática. Influencia a função de todas as outras glândulas. Dores de cabeça. Sinusite. Confusão mental. Dificuldade de concentração. Memória ruim. Otites. Hiperatividade mental.
5. Laríngeo	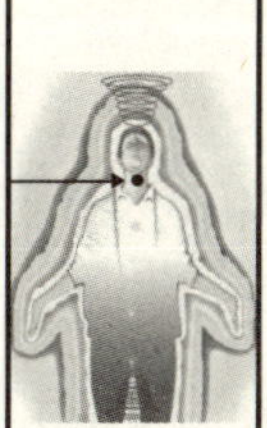	Garganta	Não conseguir falar, não conseguir opinar, não conseguir verbalizar ou expressar os sentimentos, "engolir" os sentimentos reprimidos, não conseguir pôr em prática os projetos, etc.	Falta de criatividade para verbalizar pensamentos. Dificuldade de expressão e comunicação, principalmente em público. Asmas. Artrites. Alergias. Laringites. Dores de garganta. Problemas menstruais. Herpes e aftas na boca. Problemas de cabelo e pele. Descontrole do crescimento do corpo na infância. Bócio. Herpes. Câncer na garganta. Perda da voz. Surdez. Problemas nos dentes e gengivas.
4. Cardíaco	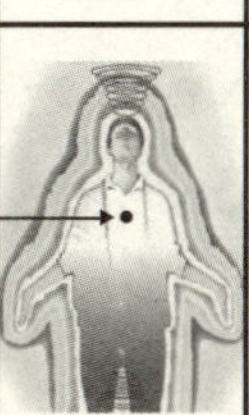	Região central do peitoral	Sentimentos reprimidos, tristeza, não achar graça da vida, materialismo excessivo, falta de compreensão, falta de sensibilidade, excesso de apego por tudo, dores de perda e abandono, etc.	Infartos. Angina. Taquicardia. Paradas respiratórias. Deficiência pulmonar. Circulação precária. Baixa imunidade. Efizema pulmonar. Câncer de mama. Lúpus. Doenças do sangue em geral. Doenças arteriais. Gripes.
3. Umbilical	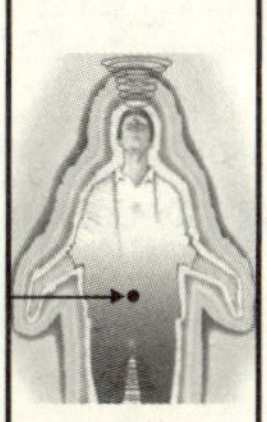	Estômago	Raiva, medo, insegurança, mágoa, tristeza, remorso, arrependimento, não engolir a vida, falta de aceitação, intolerância, desejos não realizados, ansiedade, angústia, pânico, não perdoar, vitimizar-se, excesso de infantilidade, falta de flexibilidade, carência afetiva, vergonha, culpa.	Deficiência digestiva e estomacal. Úlcera. Gastrite. Oscilações de humor. Depressões. Introversão. Hábitos alimentares anormais. Instabilidade nervosa. Câncer de estômago. Desequilíbrio emocional. Inseguranças. Medos e Pânicos. Agonias. Ansiedade. Diabetes. Obesidade. Pancreatites. Hepatites. Compulsão por consumo. Hérnia de hiato.

	Localização na aura	**Localização no corpo físico**	**Alguns comportamentos que podem gerar desequilíbrios**	**Algumas doenças que os desequilíbrios podem gerar**
2. Sacro		Abdômen inferior, 3 centímetro abaixo do umbigo	Dificuldades nos relacionamentos com cônjuges, parentes, amigos, etc. Autopodar-se de realizações na vida, falta de aceitação do corpo, baixa autoestima, dificuldade em viver a vida etc.	Deficiências no sistema linfático. Falta de orgasmo. Incapacidade de ereção. Ejaculação precoce. Descontroles no fluxo menstrual. Acúmulo de gordura acentuado na região do quadril. Obesidade em geral. Cistos nos ovários. Infertilidade.
1. Básico	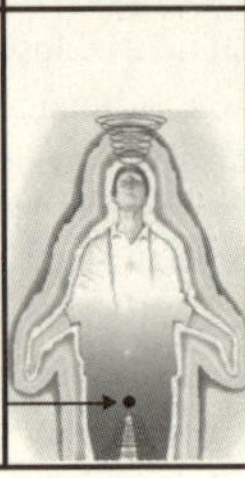	Base da coluna	Problemas familiares, excessos de responsabilidade, pessoal, profissional, familiar etc. Dificuldades na estrutura de vida, falta de dinheiro, falta de emprego.	Indisposição física. Falta de vitalidade. Dores nas juntas. Torcicolo. Nervo ciático. Desânimo de viver. Falta de entusiasmo. Falta de aterramento no plano Terra. Problemas nos ossos. Hemorroidas. Unha encravada crônica. Infecção de rins e bexiga.

CAMPO DE ENERGIA, DOENÇAS E CURA

Agora que você já conhece os sete chacras, já entendeu como eles funcionam para criar nosso campo de energia. Você viu que cada chacra vibra numa cor e eles obedecem à mesma sequência de cores do arco-íris: **vermelho, laranja, amarelo, verde, azul, azul índigo e violeta**. Agora imagine um arco-íris atravessando o torso de um ser humano. Essa é a imagem de um campo energético em perfeito equilíbrio!

Quando os chacras estão desequilibrados, surgem pontos escuros nesse campo. Esses pontos são como sujeira que se acumula em nossa aura, de acordo com o que pensamos e sentimos. Eles vêm de nossas preocupações, pensamentos egoístas, negativos, falta de autoestima, etc. – todos os sentimentos inferiores que não pertencem à nossa alma.

Sempre que temos esses sentimentos e pensamentos, um dos nossos chacras é afetado e começa a funcionar aquém da sua capacidade, prejudicando sua glândula correspondente, que, por sua vez, já não produz os hormônios de maneira eficiente para que o corpo funcione de modo perfeito. É assim que surgem as doenças.

É um processo bem lógico: o chacra desequilibrado não consegue transferir para a glândula a energia de que ela precisa; a glândula também se desequilibra e não produz mais o que o corpo precisa. E, então, a pessoa tem de recorrer a uma forma sintética de repor algo que seu corpo poderia produzir naturalmente.

Vejamos o exemplo da raiva. A raiva está ligada ao chacra plexo solar, na região do estômago. Quando você experimenta esse sentimento, seu cérebro produz um neurotransmissor que aciona o estômago e o faz produzir suco gástrico. A função do suco gástrico é digerir alimentos. Quando não encontra nenhum alimento para digerir, ele acidifica o ambiente estomacal e dá início a um processo de gastrite. Você começa a sentir uma queimação no estômago e, com o tempo, ela pode se transformar em úlcera e até mesmo evoluir para um câncer.

Esse processo é o mesmo para qualquer sentimento e pensamento negativo. Experimente colocar pó de café, no lugar de sabão em pó, em uma máquina de lavar roupas. O resultado vai ser um desastre. O mesmo vale para quando abastecemos nosso corpo de raiva, medo, mágoa, tristeza, angústia ou depressão.

Esses sentimentos vão desqualificando a energia dos nossos chacras e eles vão se quebrando, como espelhos – e fica muito difícil colar os caquinhos depois. Até que se chega a uma situação insustentável, na qual a pessoa pode apresentar câncer ou depressão. Isso significa que todos os chacras foram bloqueados, e esse processo normalmente começa por um único chacra. Sim, basta um chacra se desequilibrar para dar início a uma reação em cadeia na qual todos vão se desequilibrando também, a começar pelos adjacentes, afinal já vimos que a nossa energia é transferida de campo a campo.

Quando a pessoa se dá conta, está com todos os chacras bloqueados – eles não captam mais energia e as glândulas não conseguem mais produzir o que o corpo precisa para viver – e vira uma farmácia ambulante, tomando uma quantidade enorme de medicamentos sem que nada a cure de verdade. As medicações só nos iludem. Não curam, apenas repõem sinteticamente algo que nosso corpo é capaz de fazer. Além disso, também são nocivos. Os ansiolíticos e antidepressivos, muito usados pelas pessoas, têm entre duzentas e duas mil contraindicações e efeitos colaterais. Ou seja, para consertar uma coisa, estraga-se tantas outras.

A verdadeira cura precisa ser natural, de dentro para fora. Não há contraindicações quando seu corpo produz sozinho o que precisa. E, para que isso aconteça, é necessário que você entenda o que sente.

Sim, estamos dizendo que toda doença tem uma emoção associada. As doenças são como instrumentos que nosso corpo usa para que possamos evoluir. Elas são um sinal emergencial dizendo que há alguma coisa errada e que precisamos cuidar disso. Toda doença é um pedido de socorro do nosso corpo.

Os chacras nos mostram o caminho da cura. Eles nos dizem exatamente que sentimentos e emoções precisamos transformar para que a doença não volte. Nós só precisamos aceitar isso e aprender a interpretar os sinais.

Quando você tem um problema vinculado aos ossos, por exemplo, precisa prestar atenção ao primeiro chacra: sua jornada na Terra, sua estrutura de vida. Se está com algum problema nos órgãos sexuais, é hora de avaliar suas relações, ver se existem brigas na família, se há harmonia, como está sua autoestima, se você gosta da sua própria companhia, se é capaz de se admirar pelas coisas que já fez na vida.

É extremamente importante conhecer seu campo de energia, seus chacras e a função de cada um deles, além, claro, de encontrar uma forma de mantê-los em equilíbrio. Cuidar dos chacras é como escovar os dentes – exige cuidados diários.

Muitas vezes só damos valor ao que enxergamos, às doenças físicas, mas temos muitas doenças na alma e nas emoções e o ideal é cuidar delas antes que se somatizem.

Você pode usar diversas técnicas para se conectar à Fonte Maior e limpar a sua aura: meditação, relaxamento, Reiki, Cura Prânica e as técnicas que vamos mostrar no próximo capítulo. O ideal é que sua aura fique equilibrada e brilhante, com todas as camadas bem definidas.

Quando isso acontecer, você vai experimentar uma plenitude e uma paz que talvez nunca tenha encontrado.

CAPÍTULO SETE

TÉCNICAS REVELADAS PARA DESENVOLVER SEU PODER EXTRAFÍSICO

O SEU PODER EXTRAFÍSICO É A SUA ARMA para enfrentar os desafios, para ter um brilho nos olhos diferente da maioria das pessoas, para ajudá-lo numa entrevista de emprego crucial, para ser notado do jeito certo, para magnetizar coisas boas e expulsar da sua vida o que não é bom. Nosso principal objetivo com este livro é que você entenda os conceitos apresentados, coloque-os em prática e viva plenamente. Já falamos de três aspectos importantes para você alcançar um Poder Extrafísico incrível:

1. Adquirir a Filosofia dos Iniciados: ter fé e confiança na vida, viver por um propósito e não julgar.

2. Eliminar os mitos e erros.

3. Incluir técnicas específicas.

Muitas vezes, conforme a vida vai acontecendo, deixamo-nos influenciar pelas coisas ao nosso redor, perdemos energia, desgastamo-nos, não ficamos no nosso melhor.

O que devemos fazer então?

O primeiro passo é avaliar esses três pontos e ver onde estamos errando.

Sim, porque, quando você se lembra da filosofia dos iniciados, exclui os mitos e erros e aplica as técnicas, as coisas começam a mudar e os resultados aparecem.

As técnicas que apresentaremos a seguir são recursos muito simples, porém poderosos, para a conquista do Poder Extrafísico. Não negamos que, quando começamos a ministrar cursos nessa área, nossa visão de proteção energética e Poder Extrafísico era muito mais complexa.

No entanto, depois de termos estudado muito e por muitos anos, chegamos à conclusão de que o simples é sempre o melhor. As técnicas apresentadas neste livro são baseadas em leis naturais. Isso quer dizer que elas funcionam independentemente de você acreditar ou não.

Está precisando de força para enfrentar uma situação complicada, vencer uma prova, conquistar um objetivo ou uma meta? É o momento de se perguntar: além de tudo o que fiz no mundo físico, de toda a coerência que estou buscando, que recursos eu tenho à minha disposição?

As ferramentas que você tem em mãos não possuem nenhuma contraindicação e podem ser utilizadas sempre que quiser. Você vai poder brincar com elas, combiná-las como achar melhor – e essa é uma das principais forças deste método.

ADENSAMENTO DE *KI*

Ki é a energia vital, e adensar significa deixar algo mais concentrado. A técnica do adensamento de *ki* lhe permite concentrar o fluxo da energia vital, que está solta por aí, num ponto específico e depois aplicá-la onde quiser.

Quando você junta essa energia, tem uma sensação de calor e, então, pode aplicar em si próprio ou em outras pessoas e objetos.

Com esta técnica muito simples, que pode ser feita em qualquer lugar, você pode:

– Doar energia concentrada para qualquer técnica de cura localizada. Você pode aplicar essa energia em qualquer ponto do seu corpo em que estiver com dor; em outras pessoas; em um copo de água para bebê-lo em seguida; em uma planta; em um animal; em um bichinho de pelúcia de uma criança; na gaiola do passarinho; na mesa do seu escritório; no seu prato de comida para melhorar a energia do seu alimento; no seu travesseiro para dormir melhor. Ou seja, em qualquer pessoa, objeto ou situação que quiser.

– Energizar chás, magnetizar um amuleto, aplicar sobre os chacras ou sobre um ou mais objetos.

– Associar uma intenção à energia adensada, obtendo resultados impressionantes.

Por exemplo: você pode aplicar o adensamento a um copo d'água com intenção de cura, de cumprimento de uma meta, de calma, de equilíbrio, de contentamento, satisfação, ou o que for.

Como fazer

1. Respire fundo, relaxe e tente mudar sua sintonia para um estado de paz.

2. Friccione suas mãos uma contra a outra suavemente até esquentar um pouco.

3. Abra as duas mãos com a palma voltada para cima.

4. Agora, em uma de suas palmas, imagine que nasce uma pequena chama, uma pequena luz. Sinta essa luz, perceba-a.

5. Leve a outra mão por cima desta – de lado e com a palma voltada para você – e a feche ao redor da chama, como se a pegasse. A chama agora mudou de mão.

6. Abra a mão que está com a chama agora, e visualize essa chama crescendo.

7. Em seguida, passe a chama para a outra mão mais uma vez, fazendo o mesmo movimento de antes.

8. Visualize a chama crescendo e se tornando mais forte.

9. Repita esse processo de trocar a chama de mão e vê-la crescer de 10 a 20 vezes. A luz vai crescendo e energizando você, suas mãos vão ficando mais quentes à medida que ela se torna maior e mais intensa.

10. Quando sentir que o calor ficou forte, perceber alguma outra manifestação ou apenas sentir que a chama já está boa o suficiente, você junta as mãos e a leva até o ponto desejado e simplesmente deixe a luz ser recebida.

Se aplicar essa energia em si mesmo, você vai sentir um bem-estar enorme. Se for da sua vontade, adicione uma intenção na hora de aplicar essa energia.

O processo não tem um tempo certo para ser feito – não existe um número mínimo ou máximo de vezes. E não importa em que mão está a chama quando você acha que a energia já está pronta.

Você pode aplicar essa técnica e essa energia quantas vezes quiser, até sentir que o resultado está bom. Esta técnica simples vai impressionar você com sua eficiência, força e capacidade. Não se engane com a simplicidade. São as coisas simples que fazem diferença.

EXPLOSÃO SONORA

Esta é uma das técnicas mais divertidas que você vai conhecer. Certa vez, uma família viajou de Porto Alegre a Nova Petrópolis para fazer um curso presencial em nossa sede. Eles nos contaram que, na volta, o motorista passou todo o caminho, de mais ou menos cem quilômetros, fazendo a técnica do Rá. É uma técnica simples com alguns objetivos básicos:

– **Limpar o campo psíquico num momento de confusão e tomadas de decisão.** Quando você tem de tomar decisões e está confuso, sem saber o que fazer, as pessoas estão opinando e você já não sabe mais o que quer, essa é uma ferramenta bem forte para a sua limpeza.

– **Atenuar influências psíquicas externas e estresse mental.** Quando seu campo psíquico e suas emoções estão invadidos, essa é uma arma poderosa para se livrar disso.

– **Ajudar a sair do campo de críticas e ataques verbais de terceiros.** Quando sabe que alguém está falando mal de você ou que há muita gente o criticando, essa técnica dá uma quebrada nesse campo de energia.

Você pode fazer várias vezes, mas vai ver que uma ou duas já resolvem o problema. Você vai precisar de um lugar especial para fazê-la e logo entenderá o motivo.

Ela trabalha alguns elementos juntos, como movimento, expressão facial e respiração. Quando você aplica essa técnica, dá um choque no seu campo de energia.

Como fazer

1. Respire fundo, relaxando, e junte as mãos na altura do peito.

2. Quando terminar a respiração, você separa as mãos e solta um "rá".

Observe que o movimento precisa ser muito rápido e o som muito alto, um grito mesmo, uma verdadeira explosão sonora.

RESTART ENERGÉTICO

Esta é uma técnica de ativação da sua energia pessoal, de repurificação, de sintonização consigo mesmo e de trocas de energias densas.

Ela é um pouco mais avançada e, para fazê-la, você vai precisar de um cristal e de lugar com chão de terra ou com grama – simplemente não pode ser um vaso ou uma caixa de terra, tem de haver terra abundante, porque você vai liberar muita energia.

Trata-se de uma técnica muito forte para eliminar bloqueios de energia sutil – bloqueios nos chacras, energia desequilibrada, campo áurico de lados desiguais, energias acumuladas na região do estômago e da cabeça – enfim, todos desequilíbrios normais de quem pensa, sente e se emociona muito.

– Aumenta a energia.

– Elimina o bloqueio de forças vitais.

– Aumenta a clareza mental e tempo de resposta emocional em relação aos desafios diários.

A maioria das pessoas, quando está com um problema, reage imediatamente, como um cão bravo, pois tem um tempo de resposta emocional muito curto. Quando você faz essa técnica, fica mais calmo e aumenta um pouco esse tempo, passando a reagir não tão instintivamente.

Como fazer

1. Com os pés descalços sobre o chão com terra ou na grama, procure um ponto onde possa se firmar e manter o centramento.

2. Com as duas mãos, segure um cristal gerador de quartzo branco apoiado no alto da cabeça.

3. Feche os olhos e eleve-se a um pensamento de conexão espiritual. Você pode fazer isso agradecendo às forças maiores, agradecendo a oportunidade da vida. Agradecer é algo que sempre o conecta, eleva e dá força.

4. Respire fundo, relaxe.

5. Agora imagine um ponto de luz suavemente azul nascendo dentro do cristal.

6. Visualize essa luz descendo lentamente do cristal pelo seu corpo. Ela passa pela sua cabeça, pelo seu tronco, por todo o seu ser, suas pernas, joelhos, panturrilhas, pés e escoa através da terra.

7. Repita esse processo de respiração e visualização no mínimo três vezes. Você pode fazer o ciclo quantas vezes quiser.

8. Sinta a paz, a energização, a tranquilidade e lentamente desperte para o aqui e agora, voltando ao momento presente.

9. Lave o cristal em água corrente para usá-lo quantas vezes quiser.

ATERRAMENTO DE FORÇAS

O aterramento de forças é a técnica utilizada para momentos de conflito e confusão, quando tudo está pegando fogo ao seu redor e o mundo parece desabar sobre a sua cabeça. Para fazê-la, você vai precisar de um cristal e de chão de terra.

A maioria das pessoas passa a vida inteira sem saber o que fazer com as emoções que elas mesmas criam e, dessa forma, a insatisfação, a tristeza e os problemas ficam rondando sua vida. Isso gera doenças que somatizam em seu corpo e deixam as coisas ainda piores.

Desempenhar plenamente seu Poder Extrafísico também tem a ver com equalizar mais rapidamente essas emoções. Você deve aprender a liberá-las imediatamente, assim que os problemas surgem, de forma a não se permitir criar carapaças de energias pesadas.

É claro que há diversas situações em que não temos como não nos emocionar. Há momentos em que é inevitável ser pessimista. E não dá para reagir positivamente o tempo todo. Todas essas reações são absolutamente normais. O que você não pode é guardar essa energia. Ela deve ser transmutada para que sua aura, sua energia maior, fique na sintonia perfeita.

E o aterramento de forças é muito eficiente para descarregar e liberar toda essa somatização, não importa qual seja o seu problema.

Os objetivos do aterramento de forças são:

– Limpar energias densas, cansaços e exaustão.

– Descarregar ataques psíquicos.

– Aumenta sua clareza mental e seu tempo de resposta emocional aos desafios diários.

Quando você vai a algum lugar carregado, sabe que uma pessoa o abalou, que alguém queria o seu mal, que esteve entre pessoas venenosas, invejosas, esta é uma forma de se limpar de tudo isso.

Como fazer

1. Sente-se no chão de modo confortável. Respire fundo e relaxe, elevando os pensamentos a Deus numa prece sincera, elevando-se à força maior, agradecendo a oportunidade da vida, a existência, este momento, a força da natureza que está em tudo e age sobre todos. Humildemente, peça permissão e ajuda, desprendendo um sentimento de alegria, invocando as forças do alto, conectando-se às forças espirituais em que você acredita e confia.

2. Pegue o cristal e o segure com as duas mãos.

3. Pense nos conflitos, problemas e desafios que você tem de enfrentar, nas situações desagradáveis e em tudo mais que o estiver incomodando.

4. Imagine que todas essas situações fluem dentro do cristal. Todas as dificuldades, desde a menorzinha até a maior de todas. Tudo que você acha que está atrapalhando sua vida agora se concentra dentro do cristal. Foque nesta intenção.

5. Depois que sentir que todos os pensamentos, desafios e dificuldades associados ao seu momento presente foram para dentro do cristal, você encontra um pequeno espaço no chão de terra – não pode ser vaso –, faz um buraco e simplesmente o enterra.

6. Deixe o cristal enterrado por, no mínimo, 3 dias, para que ele possa trocar essa energia.

7. Depois desse período, você pode desenterrá-lo, lavá-lo em água corrente comum e energizá-lo com alguma técnica, como por exemplo a técnica de adensamento de *ki*, para futuras utilizações.

MOVIMENTAÇÃO ÁURICA

Esta é uma técnica que vai impressionar você por sua simplicidade e pela facilidade de fazer. Talvez no começo você demore um pouquinho para conseguir se concentrar, mas em pouco tempo você vai perceber como é simples.

Vamos supor que você tenha passado por um exame médico, um consultório, um banco, uma audiência, e isso sobrecarregou sua energia e agora você se sente exausto.

A movimentação áurica é uma prática de sintonia, proteção e limpeza energética muito simples e poderosa. Veja o que ela faz por você:

– Movimenta energias estagnadas que geram mal-estar e queda da imunidade.

– Desbloqueia cargas densas somatizadas.

– Limpeza energética geral.

Você pode praticar em qualquer lugar – no trem, metrô, avião, no escritório, em casa, com barulho ou no silêncio, com pessoas ao redor, sozinho –, não importa.

Como fazer

1. Sente-se numa posição tranquila e confortável – a ideia é que você se sinta bem, mas que não durma. Amanda

Dreher, especialista em meditação, dá a dica: sente-se com as mãos sob os glúteos, para encaixar a postura. Em seguida, você tira as mãos e fica bem alinhado.

2. Feche os olhos e respire profundamente algumas vezes. O segredo da respiração profunda é usar um tempo igual para inspirar e expirar. Por exemplo, se inspirou em 5 segundos, expire em 5 segundos também.

3. Eleve seus pensamentos a Deus – seres de luz, natureza, mentores espirituais – o que você acredita e confia. Sinta-se bem e mantenha essa tranquilidade.

4. Agora imagine uma grande luz se formar ao seu redor, como um redemoinho, um grande cone que começa a girar no sentido horário, envolvendo todo o seu ser e movimentando suas energias naturais e suas vibrações.

5. Acredite, perceba e sinta essa luz. Sua aura está se mexendo. Ao seu redor há um fluxo, um vórtice de energia que se move de acordo com a sua intensidade. Fique nessa sintonia por alguns minutos. O ideal são 5, mas, no começo, se você conseguir ficar de 1 a 3, já está muito bom.

6. Depois de aproximadamente 5 minutos sentindo essa energia circulando suavemente e de forma rotativa, abra os seus olhos devagar, desperte e continue o seu dia.

MUTAÇÃO CROMÁTICA

Vamos revelar a você um dos segredos do Bruno. Vira e mexe ele é flagrado estalando os dedos duas vezes. Isso acontece porque, há mais de dez anos, em um treinamento espiritual durante o sono, ele aprendeu esta técnica e, desde então, a vem usando.

A mutação cromática é assustadoramente rápida e eficiente para:

– Mudar seu estado mental.

– Proporcionar bem-estar rápido.

– Fazer uma limpeza energética geral.

Com base no conceito de cromoterapia e do que cada cor trabalha em termos dos aspectos psicológicos, podemos aplicar essas cores à nossa aura. Por mais que você não entenda o que cada cor significa, há algo mágico nesta técnica. Pare agora e imagine uma ou mais cores que sua mente quer. Que cor é essa?

Acredite que, mesmo sem conhecer a funcionalidade das cores, a nossa alma, a nossa energia, puxa a cor mais adequada para aquele momento.

Esta técnica é supersimples e pode ser praticada a qualquer momento, em qualquer situação.

Como fazer

1. Feche os olhos, sente-se de modo confortável, relaxe, eleve seu pensamento a Deus e respire profundamente várias vezes, sempre com inspiração e expiração cadenciadas.

2. Estale os dedos duas vezes e, mentalmente, convoque uma cor. Imagine uma luz dessa cor envolvendo a sua aura.

3. Dentro de alguns segundos, você pode manter a cor ou estalar os dedos duas vezes e mudar a cor invocada.

4. Quando perceber que terminou o processo, estale os dedos duas vezes e pense: "normal", e sua aura volta ao seu normal.

Fazendo isso, você muda estados psíquicos da "água para o vinho". Você pode modular quantas vezes quiser, ajustando as cores às suas necessidades, conforme a lista a seguir:

Vermelho – é uma cor estimulante; cria a sensação de calor e favorece a liberação de adrenalina, por isso você deve usá-la quando precisar de mais energia.

Laranja – associada à alegria, essa cor tem o poder de estimular a liberdade e o movimento em todos os níveis do nosso ser. É um ótimo estimulante emocional e está ligada aos bons relacionamentos.

Amarelo – é a cor que mais se aproxima da luz do Sol, por isso irradia calor e inspiração. Ela elimina as energias estagnadas e estimula o intelecto, a criatividade e a alegria.

Verde – está relacionado ao nosso equilíbrio em todos os aspectos, inclusive mental e emocional. Tem qualidades calmantes, de cura e de amor.

Azul – dá a sensação de paz e relaxamento. É a cor da conexão espiritual e do centramento mental.

Azul índigo – é a cor da intuição.

Violeta – traz força física e espiritual, favorece o amor próprio e a dignidade, levando ao amor incondicional. É a cor da transmutação.

Branco – é a origem de todas as cores. Traz a sensação de limpeza, tranquilidade e paz.

Rosa – é a cor do amor incondicional e da compaixão. Estimula o autoamor, a autoestima e a autoconfiança.

Dourado – é símbolo da proteção de Deus e do poder pessoal. Está relacionada ao processo de iluminação.

ESCUDOS MENTAIS

Esta é uma das técnicas mais simples que existem. Embora o nome dela seja escudos mentais, você deve sempre se lembrar que não adianta se envolver de todas as proteções do mundo se não seguir os três fundamentos dos iniciados: *propósito maior, fé e confiança na vida* e *não julgamento*.

Recomendamos que você pratique muito esta técnica e a ensine a outras pessoas. Ela é tão simples que você pode fazê-la quantas vezes quiser durante o dia e em qualquer situação: numa fila, no avião, no trem, no metrô, ao começar ou terminar o dia, quando se sentir pesado, cansado, etc.

Alguns dos benefícios que esta técnica pode trazer:

– Proteção energética diária.

– Preservação das energias vitais em qualquer situação.

– Utilização em ocasiões extremas ou nocivas.

Às vezes as pessoas querem fazer esta técnica escolhendo a cor que acham mais adequada para o momento, mas, ao longo da nossa carreira, aprendemos que essa cor vem automaticamente quase como um sinal inconsciente do que você está precisando mais. Por isso, quando fechar os olhos para fazer a mentalização, a cor ou as cores do processo de escudos mentais vão vir de acordo com o que sua energia pessoal está precisando.

Como fazer

1. Feche os olhos, respire, relaxe, eleve os pensamentos a Deus. Você pode fazer isso em pé, sentado ou deitado. Como já dissemos, você pode – e nós recomendamos – fazer essa técnica várias vezes, mas faça no mínimo para começar o dia.

2. Imagine que ao redor do seu corpo vai se formando um tubo de luz. Ele pode ter a cor ou as cores que sua mente imaginar. Deixe que essa cor ou cores surjam naturalmente.

3. Imagine, sinta, acredite que na parte de cima do tubo há um pequeno furinho por onde entra a luz maior, a luz de Deus. E, na parte inferior do tubo, há outro pequeno furo por onde entra a energia da Terra. Você recebe energias de cima e de baixo, e está selado dentro da energia deste tubo.

4. Agora, imagine, acredite, perceba ou queira que a esse tubo de luz se sobreponha uma pirâmide de luz. Ela também pode ter a cor ou as cores que sua mente quiser, acreditar, sentir ou imaginar.

5. Concentre-se o máximo que quiser em acreditar, querer, desejar e construir esta intenção da pirâmide sobreposta ao tubo.

6. Assim que perceber essa formação do tubo e da pirâmide, simplesmente agradeça, relaxe.

7. Por fim, abra os olhos e continue normalmente a fazer o que tem de fazer, começar o dia, ir a uma aula, trabalhar ou até mesmo dormir.

MULTILOCAÇÃO PROJETADA

A multilocação projetada – ou ciranda dos doze – é uma técnica surpreendentemente fácil, que pode tirá-lo de muitas enrascadas. Pode ser feita a qualquer momento, onde você quiser, em qualquer posição, desde que se concentre.

Este recurso tem vários objetivos, alguns dos principais são:

– Limpeza energética.

Quando você se encontra num estado mental, emocional e espiritual pesado, pode usá-lo para se centrar, aliviar, sentir bem-estar.

– Renovação das forças vitais.

As forças vitais entram no nosso corpo através dos chacras, que são influenciados pelas nossas emoções, pensamentos e sentimentos. Quando você equilibra os chacras, começa a recuperar a absorção de forças vitais.

– Expansão da consciência e equilíbrio dos chacras.

Quando você se limpa e se harmoniza, começa a perceber, sentir, imaginar, captar e trocar energias mais saudáveis, e começa a ser o melhor da sua consciência, o melhor que pode ser.

Como fazer

1. Feche os olhos, relaxe, respire fundo, eleve-se a Deus. Faça uma prece sincera.

2. Imagine-se desdobrando-se em doze corpos. São doze extensões de você mesmo.

3. Imagine que essas doze extensões formam uma roda, todas de mãos dadas.

4. Agora sua consciência ou parte essencial se posiciona no centro da roda para receber a vibração dos doze.

5. A roda dos doze gira no sentido anti-horário, produzindo uma energia luminosa da cor *violeta*. Esse giro acontece por aproximadamente um minuto – mas você

não precisa colocar nenhum tipo de cronômetro ou alarme; é um tempo aproximado.

6. Em seguida a roda dos doze gira no sentido horário, produzindo uma energia luminosa na cor *dourada*. Esse giro também acontece por aproximadamente um minuto.

7. A sua essência, que está no centro da roda, recebe esse tratamento energético, renova-se, equilibra-se em todos os níveis e dimensões do seu ser. Aproveite essa energia, sinta essa paz.

8. Quando se sentir bem, apenas abra os olhos e retorne à sua rotina normal.

DOAÇÃO COLETIVA

Esta técnica – também chamada de espiral dos sete – é muito rápida e poderosa. Por isso é indicada para fazer a limpeza energética e o equilíbrio das forças vitais de grupos, quando você precisa tratar de muitas pessoas.

Ela proporciona um grande e poderoso fluxo de energias benéficas, principalmente no ambiente em que a pessoa está envolvida. Recomendamos fortemente que você tente formar um grupo para testar esta prática e auxiliar outras pessoas.

Como fazer

Para a aplicação desta técnica, é provável que você precise de um ambiente espaçoso.

1. Posicione as pessoas que vão atuar na formação espiral, sem fechar o círculo. O primeiro e o sétimo integrantes do espiral precisam ficar com os braços livres. A ponta inicial do espiral – a primeira e mais aberta – é a entrada de energia, e a final – mais ao centro – é a saída.

2. Antes de começar a prática em si, cada integrante do espiral precisa higienizar seu estado de espírito. Para isso podem recorrer às técnicas de escudos mentais, *restart* energético ou algo do tipo.

3. Cada um dos sete integrantes será destacado para imaginar, mentalizar e se concentrar em uma cor, de vermelho a violeta, considerando a entrada como vermelho e a saída como violeta.

4. Uma a uma, as pessoas a serem tratadas entram no centro do espiral e se posicionam na frente do integrante da posição sete.

5. Este integrante estende a mão direita na altura do plexo solar do consultante, mas mantendo uma distância, sem tocá-lo fisicamente.

6. As pessoas a serem tratadas ficam assim posicionados pelo período de trinta segundos a dois minutos,

dependendo do número de pessoas e do tempo disponível para a prática.

7. Em seguida esse consultante sai do espiral. O espiral dos sete continua armado, fornecendo uma grande quantidade de energia.

8. Outra pessoa entra para ser consultada, fica seu tempo e depois sai. E assim sucessivamente até todas as pessoas terem sido atendidas.

9. Quando terminar, simplesmente encerre a prática agradecendo.

10. É normal, neste processo, que as pessoas que formaram o espiral se sintam muito melhores no fim da prática.

Se por algum motivo elas não se sentirem bem, basta aplicar qualquer uma das técnicas de limpeza que você já conhece.

TÉCNICAS RÁPIDAS PARA FAZER TODOS OS DIAS

Nosso maior objetivo nesta parte do livro é oferecer a você o máximo possível de ferramentas para você usar a qualquer hora. Nós testamos essas ferramentas ao longo de mais de 15 anos, e elas são incríveis. E fizemos questão de apresentar tudo da forma mais simples, para você perceber como é fácil e como dá resultados em instantes.

Nós já falamos muito aqui que as técnicas proporcionam uma limpeza energética, e precisamos que você entenda esse conceito.

LIMPEZA ENERGÉTICA

Sempre que você começa a ficar preocupado, com raiva ou estressado, a sua aura pesa. E o que é a aura? É um conjunto eletromagnético que está além das fronteiras do corpo físico.

O seu sentimento – seu coração – emana uma energia magnética. O seu pensamento – o cérebro – emana uma energia mais elétrica. Quando você junta pensamento e sentimento, cria um campo de energia eletromagnético, com características positivas e negativas.

Quando você está desequilibrado, começa a captar do ambiente o que precisa para se reequilibrar – é daí que surge o conceito de pessoas que sugam energia dos outros. Quando você está com positivo demais, absorve o negativo. Se está com excesso de negativo, absorve o positivo. E não pense que energia positiva é sempre bom.

O bom é o equilíbrio. O que nós precisamos é ficarmos neutros e equilibrados o tempo inteiro. Esse equilíbrio é o conceito de limpeza energética.

Agora vamos apresentar algumas práticas muito rápidas para ajudar você a fazer a limpeza energética. Você deve usá-las em associação com as outras técnicas que já aprendeu, e então será como ter uma caixa de ferramentas, podendo escolher o que usar momento a momento.

BANHO SECO

Esta é uma técnica para se fazer de pé. Você pode fazer quando estiver tomando banho mesmo, ou quando precisa de um banho energético no trabalho ou em outra situação. Muito rápida e simples, esta ferramenta é usada em varias regiões do mundo, por vários sábios, em diferentes épocas, e tem diversas explicações. Uma delas é que nossas mãos funcionam como uma escova magnética, com polos positivo e negativo em todos os dedos.

Como fazer

1. Imagine um ponto onde será a sua fogueira mental, de preferência de cor violeta. Se você não conseguir imaginar, acredite que a fogueira está lá.

2. Deslize sua mão direita pelo ombro oposto, cruzando o peito em direção ao quadril. Quando chegar ao fim, feche a mão e jogue na fogueira essa energia que você puxou. Faça o mesmo do outro lado.

3. Agora, pela frente do corpo, com a mão roçando suavemente a pele, puxe a energia na posição do primeiro chacra. Feche a mão e jogue a energia na fogueira violeta. Repita para os sete chacras.

4. Agora nas costas, deslize a mão pelo canal da coluna, puxando a energia. Jogue na fogueira. Faça a mesma coisa com a outra mão.

5. Para finalizar, deslize as mãos por todas as partes do seu corpo: braços, pernas, rosto, testa, cabeça, nuca. Uma a uma, puxe a energia dessas partes e jogue na fogueira.

6. Imagine que essa energia é transmutada na fogueira violeta.

Você pode usar essa técnica quantas vezes quiser durante o dia e, sempre que o fizer, vai ver que se sente mais leve. É comum até ter arrepios. E, se você errar a sequência, não se preocupe. A técnica funciona do mesmo jeito.

FRICÇÃO DAS MÃOS

É natural friccionarmos as mãos quando estamos com frio. Fazemos isso instintivamente porque temos nas mãos uma escova eletromagnética – cada mão possui uma polaridade e, nos centro das palmas, temos um chacra muito poderoso que emana energia. E são poucas as pessoas que utilizam isso a seu favor.

Você pode usar esta técnica para fazer circular e trocar energias estagnadas na altura do quinto, sexto e sétimo chacras, além dos chacras secundários dessa região. Isso pode ajudar muito com uma dor de cabeça, por exemplo, com sinusite ou rinite, ou quando for fazer um exercício de meditação, quando precisar de concentração, para ter mais expansão da consciência.

Como fazer

1. Friccione as suas mãos.

2. Posicione-as sobre os pontos onde você se sente tenso. Por exemplo: mão esquerda no alto da cabeça e direita na nuca; mão esquerda na testa e direita na nuca; as duas mãos nas têmporas; mão esquerda na garganta, mão direita na nuca.

VIOLETA, BRANCO E DOURADO

Esta técnica extremamente simples é muito indicada para quem trabalha em consultório, em lugares pesados, tem contato com pessoas o tempo inteiro e quer mudar sua energia rapidamente a qualquer instante.

Mas você pode usá-la por qualquer motivo e em qualquer situação, como, por exemplo, ao acordar, para mudar sua energia, ou ao se deitar, para dormir bem. Ela vai sempre fazer bem e trabalhar sua limpeza energética.

Para isso, você precisa se dedicar a um processo de visualização de três cores:

Violeta – objetivo de transmutação, renovação, purificação e conexão espiritual.

Branco – pureza e energia, divindade.

Dourado – sabedoria e proteção.

Como fazer

1. Você pode fazer esta técnica de pé, sentado ou deitado. Respire, relaxe, eleve seus pensamentos a Deus.

2. Imagine, acredite, perceba que do alto da sua cabeça surge um redemoinho, um vórtice, um fluxo de luz violeta.

3. Essa luz vai entrando pelo alto da sua cabeça e passando por todo o seu ser, deslizando suavemente por todas as partes do seu corpo, permeando tudo, limpando, transmutando, purificado, transformando as densidades em bênçãos; equilibrando, acalmando, harmonizando. Quando ela chega na ponta de seus pés, torna a subir até chegar ao alto da cabeça, e então vai embora.

4. A luz se torna branca. Ela entra pelo alto da sua cabeça, trazendo energia, conexão divina e pureza, e suavemente passa por todo o seu corpo, da cabeça aos pés e então volta até a cabeça e também vai embora.

5. A terceira luz é a dourada. Ela percorre o mesmo caminho das anteriores, trazendo proteção e sabedoria. Quando chega aos pés ela volta a subir, até chegar ao alto da cabeça e ir embora.

6. Relaxe, respire e veja como você se sente.

7. Por fim, abra seus olhos e volte para o aqui e agora.

Agora você já possui um arsenal de técnicas para utilizar, sozinhas ou combinadas, sempre que achar necessário. E lembre-se: a melhor técnica é a que se encaixa melhor para você e que lhe traz mais efeitos.

CAPÍTULO OITO

A ENERGIA DOS AMBIENTES

Um ambiente é o resultado de tudo o que está vinculado a ele. A construção física de um lar nada mais é do que a condensação de energias em estados vibratórios diferentes. Isso quer dizer que todas as energias de uma casa – desde as energias do terreno, das pessoas que participaram da construção, dos materiais utilizados, até as pessoas que moram nessa casa hoje – formam um campo de energia que é a identidade energética desse lar.

A essa identidade, damos o nome de *holopensene*. *Holo* vem do grego e significa todo; *pen* é de pensamento; *sen*, de sentimentos; e *ene*, de energia. *Holopensene* significa que todos os pensamentos e sentimentos resultam na energia do lugar. Não importa se sutil ou denso, bom ou ruim, seu ambiente sempre vai ter um *holopensene* próprio. E, como a troca de energia é inevitável, nós absorvemos todas as energias de onde moramos, sejam boas, sejam ruins.

A casa de qualquer pessoa é como uma orquestra, em que cada instrumento produz um efeito na composição final da música. E todos os instrumentos que não estiverem afinados – vibrando harmonicamente – não vão mais produzir música, apenas ruídos, que certamente serão notados.

Harmonizar um ambiente é uma arte. Ser maestro dessa orquestra é saber excluir os instrumentos que não estão em sintonia com a música. Essa vigília deve ser constante. Como tudo é energia e vibra por natureza em frequências específicas, precisamos compreender o que dentro de nossa orquestra é positivo ou negativo, mantendo hábitos condizentes para gerar harmonia.

A ENERGIA DOS SERES VIVOS E SEUS AMBIENTES

Nosso objetivo aqui é proporcionar a você o conhecimento básico para entender o mecanismo que compõe a energia dos lugares, bem como as técnicas para criar e manter um ambiente de harmonia e paz.

A harmonia de um ambiente é o reflexo dos acontecimentos – de origem física, mental, emocional, espiritual e geobiológica – que ocorrem nesse espaço físico. Esses fatos geram reações positivas ou negativas.

Tudo no Universo possui polaridade – positiva, negativa e neutra –, e procuramos sempre o equilíbrio. A energia positiva é associada à polaridade *yang* – é ativa, masculina, quente e está ligada ao sol. A energia negativa é associada à polaridade *yin* – passiva, feminina, fria e vinculada à lua. O neutro é a parte sem polaridade e sem movimento – o equilíbrio.

Todo ambiente apresenta uma frequência vibracional característica, que chamamos de psiquismo local. Essa identidade psíquica se forma pela soma das características físicas e geobiológicas do lugar às emoções, pensamentos e atitudes das pessoas que ali vivem.

Dessa forma, todo ambiente apresenta uma energia característica, que é invisível aos olhos físicos, mas totalmente ativa nos níveis mais sutis.

Essa energia é uma forte indutora de comportamentos, porque fica gravitando sobre as pessoas que ali vivem, estimulando-as a ter atitudes condizentes com aquela vibração. Ela tem o poder de despertar emoções e pensamentos específicos nas pessoas. Em outras palavras, as pessoas agem de acordo com o psiquismo do ambiente em que estão inseridas. Se você chega a um lugar que tem psiquismo de futilidade, começa a ter ideias e pensamentos fúteis. Se o ambiente é de promiscuidade, você vai se sentir promíscuo.

Mesmo que você não consuma bebidas alcoólicas, é possível que sinta vontade de beber quando entra em um bar, por exemplo, porque esse comportamento está de acordo com o psiquismo do ambiente.

Outro exemplo é quando uma pessoa calma e tranquila vai a um banco, que é um ambiente com energia de raiva e de pressão, e começa a perder o controle lá dentro e discutir com as pessoas. Essa pessoa não faria isso normalmente, mas o psiquismo do banco é tão forte que a influencia a se comportar de um jeito diferente. É muito difícil manter o equilíbrio em lugares em que o psiquismo é muito denso.

O psiquismo de dor, doença e depressão consegue produzir, mesmo nas pessoas mais saudáveis e felizes, uma energia de depressão e tristeza.

Por isso, quando não alcançamos a harmonia em nossa casa, os seres vivos que ali habitam vão alterar seu padrão energético de acordo com a vibração da desarmonia, e isso pode causar danos físicos, mentais, emocionais e espirituais que por vezes podem ter consequências bastante graves.

O SEU LAR NO PLANO ESPIRITUAL

Tudo o que existe no ambiente físico possui um reflexo nas dimensões espirituais. Você tem nesta dimensão o aspecto físico do seu lar e, numa outra dimensão, o aspecto energético dele, o aspecto espiritual.

Essas dimensões estão interligadas, e isso quer dizer que tudo o que acontece no ambiente físico se reflete no ambiente espiritual e vice-versa.

Dessa forma, podemos dizer que uma casa tem alma: ela é uma estrutura moldada com fluido energético mais denso que forma uma exata construção espiritual.

A casa espiritual é uma extensão do psiquismo local, diretamente influenciada por ele, já que tudo está interligado. Esse molde espiritual repete aproximadamente o mesmo formato da casa no plano físico, mas é o grande responsável pela aproximação ou pelo distanciamento das energias das dimensões espirituais.

Sim, a sua casa é constantemente visitada por seres espirituais e o que vai definir a qualidade dessas visitas é seu psiquismo.

Se uma casa tiver seu modo espiritual condensado com psiquismo elevado, as portas estarão abertas para anjos e seres de luz, para as bênçãos divinas.

Se o psiquismo for denso, nefasto, de moral deturpada, as portas estarão abertas para seres que vêm de lugares densos, e as consequências podem ser desastrosas.

O plano espiritual utiliza as portas e janelas dos lares como verdadeiros portais de irradiação de energia. Se essas energias serão positivas ou negativas depende da nossa escolha.

Existem muitos ambientes cuja parte espiritual está cheia de dispositivos de obsessão, parasitas, refletores extrafísicos, coisas que atraem energias densas. A causa disso é nossa negligência, nossos atos falhos, nossa despretensão e falta de cuidado.

O ambiente em que você mora precisa ser muito bem cuidado. Além da faxina física, também é imprescindível fazer a limpeza espiritual e livrar sua casa dos agentes que geram vibrações negativas.

A seguir, você vai aprender uma série de técnicas, receitas e medidas para deixar sua casa harmoniosa, energeticamente limpa e purificada.

O objetivo é que seu lar seja uma fonte de energia para abastecê-lo sempre que você chegar em casa cansado e desvitalizado.

Mas, antes de tudo isso, você vai aprender como distinguir a energia do seu ambiente.

O primeiro passo para isso é conhecer os filtros e termômetros de ambientes, como identificar cada um deles e como agir caso eles indiquem que a saúde energética da sua casa está abalada e precisa ser reequilibrada.

TERMÔMETROS DE AMBIENTES

Existem quatro elementos que reagem à saúde energética de um ambiente. Qualquer alteração neles é um termômetro que indica a qualidade da vibração do seu lar. São eles:

- **Cristais**
- **Plantas**
- **Animais de estimação**
- **Pessoas**

Para entender o funcionamento desses filtros e termômetros, precisamos compreender, antes de mais nada, que eles obedecem a uma hierarquia natural.

Na natureza primeiro surgiu o reino mineral, composto pelos cristais, água, pedras e tudo que formou o nosso planeta. Dessa forma, os cristais estão presentes na Terra há bilhões de anos, e são conhecidos como luz sólida. Eles têm um grande poder e uma grande sabedoria ancestral armazenada, porque estão presentes desde a formação do planeta, desde o início dos tempos.

Como não depende de nenhum outro reino para existir, o reino mineral é considerado o mais evoluído do nosso planeta.

Em seguida veio o reino vegetal. As plantas também têm uma grande sabedoria, porque cobriram a superfície terrestre, além de estarem presentes dentro da água, nos mares, rios e lagos.

As plantas são capazes de acumular uma grande quantidade de energia solar durante o processo de fotossíntese, e depois transmitem essa energia. É o segundo reino mais evoluído, pois, para existir, depende apenas do reino mineral.

O terceiro reino é o animal, mais dependente que os dois primeiros. Um animal selvagem precisa da floresta para sobreviver – precisa da água, bem como dos minerais e das plantas.

Por último, embora não seja exatamente um reino, há os seres humanos. Nós, humanos, também somos animais, mas nosso lobo frontal se desenvolveu ao longo dos séculos e, por conta disso, separamo-nos do reino animal e formamos o reino *sapiens*.

O homem busca a autossuficiência, o domínio da natureza e da ciência, mas é, na verdade, o mais dependente de todos os outros reinos. E, quanto mais dependente, menos evoluído é um reino. Sim, os homens são o reino energeticamente menos evoluído da Terra.

Os animais, por exemplo, não poluem a natureza, não destroem as florestas, não constroem prédios enormes e foguetes, porque não sentem necessidade de construir nada disso. Eles vivem uma vida plena e existem para expressar sua beleza e serem felizes. E, dentro das hierarquias de suas organizações, esses seres têm uma vida muito bem vivida.

E nós, seres humanos? Será que somos evoluídos? Por que temos essa necessidade desenfreada de destruir toda a natureza, o nosso planeta, de poluir, gerar lixo desnecessário, etc.?

Energeticamente, os minerais vieram primeiro e prepararam a Terra para os vegetais, que prepararam o terreno para os animais, que, por sua vez, prepararam o terreno para que os homens chegassem a fim de fazer o caminho de volta da missão de suas almas.

Essa hierarquia natural também é obedecida dentro de casa. Quando existem atitudes, comportamentos e pensamentos que poluem o ambiente e deixam a sua energia densa, os quatro termômetros entram em ação exatamente nessa ordem. O primeiro deles são os cristais.

Você pode ter vários cristais em casa – ametista, quartzo rosa, quartzo branco, sodalita ou qualquer uma dessas pedras mais comuns –, nos banheiros e em todos os ambientes, com efeito decorativo. Dessa forma, quando houver qualquer tipo de energia densa, desqualificada, de obsessor, ela será direcionada para os cristais, que serão os primeiros a filtrar essa energia.

Se um cristal estourar, quebrar, rachar ou tiver sua cor alterada – um branco que fica mais escuro, uma ametista que fica mais clara –, isso é sinal de que há alguma energia densa na sua casa.

Quando for comprar cristais para a sua casa, certifique-se de que é uma pedra verdadeira e não algo que foi criado e pintado em laboratório. Hoje existem vários meios de falsificar um cristal e ele fica muito parecido com o original. Para isso, vá a uma loja de confiança ou procure alguém que entenda, que saiba identificar uma pedra verdadeira.

Quando puser esses cristais na sua casa, olhe para eles, faça uma oração e ponha neles a intenção de que sejam filtros de energia. É como se você programasse o cristal para que ele faça esse trabalho.

O segundo termômetro são as plantas. Se os cristais não forem suficientes para reter essa energia densa, ela vai para as plantas. Se a energia que elas filtrarem for muito densa, efeito de brigas, de problemas de relacionamento, alcoolismo ou drogas, as plantas podem até morrer. Por isso é muito bom ter plantas em casa.

Você pode manter vasinhos de sua planta preferida espalhados pela casa – violetas, lírio da paz, ervas. Elas vão filtrar a energia que os cristais não conseguiram reter. E não arranje desculpas como falta de espaço ou de jeito, porque hoje em dia é muito fácil encontrar ferramentas acessíveis que ensinam a cultivar jardins em casa e em pequenos espaços. Uma busca rápida na internet já vai lhe mostrar um monte de opções.

Quando um cristal satura e se quebra e uma planta está morrendo, isso é sinal de que a energia densa já atravessou dois estágios: o dos minerais e dos vegetais.

O terceiro estágio é o reino animal. Toda e qualquer energia densa é canalizada para os seus bichinhos de estimação, porque eles se doam, oferecem-se para ficar com essa energia antes que ela chegue até você.

É muito comum que, algum tempo depois de o bichinho ter apresentado alguma doença, como um problema nos membros inferiores ou um cálculo renal, por exemplo, seu dono apresente o mesmo problema ou algo parecido na mesma região do corpo. Sempre que uma doença vai chegar ao dono, os bichinhos de estimação tentam filtrar e barrar essa energia de doença, dor, depressão e tristeza.

Mas atenção: de jeito nenhum você deve ter um bichinho de estimação apenas para que ele filtre a energia que vai chegar até você. Isso seria muita falta de amor. Você deve adotar um animal de estimação por amor, por vontade de estabelecer com ele uma relação verdadeira de amizade.

Agora, quando você já tem um bichinho e ele fica doente, isso é um péssimo sinal. Significa que a energia densa já passou pelos cristais e pelas plantas, e que o próximo é você ou alguém da sua família. Em geral, essa energia vai desencadear alguma doença em quem o bichinho considera seu dono, aquela pessoa que ele reconhece como seu mestre.

Aqui também vale dizer que nem todas as doenças dos animais são desencadeadas por uma energia densa. Claro que algumas vezes eles adoecem por outras causas. Um bom exemplo disso é alimentação errada. Há pessoas que humanizam seus bichinhos e dão a eles guloseimas que podem ser prejudiciais, como pães, bolos, biscoitos e até chocolate.

Apenas fique atento se o seu bichinho, vacinado e bem cuidado, apresentar alguma doença do nada. Se a energia ruim atravessar esses três filtros, o próximo é o corpo físico das pessoas que moram na casa, no qual ela se manifesta em forma de doença.

OUTROS TERMÔMETROS PARA MEDIR A ENERGIA DA SUA CASA

Agora você vai aprender algumas outras formas de identificar se o seu ambiente está denso – seu quarto, um banheiro ou qualquer parte em que você entra e na qual não se sente bem.

DOR DE CABEÇA E DOR DE ESTÔMAGO

Esta é uma das formas mais fáceis de identificar se um ambiente tem energia densa. Você não precisa ser médium, entender muito do assunto ou ser praticante de nenhum tipo específico de atividade ligada a isso. Se você entra em um ambiente e sente uma pontada de dor de cabeça, no estômago ou uma sensação de angústia, é porque há alguma energia desqualificada naquele lugar. Se você não quiser apenas confiar nas suas sensações, pode usar a técnica da água com sal grosso ou do carvão para se certificar de que realmente há um desequilíbrio energético no local.

ÁGUA COM SAL GROSSO

Esta é uma ótima forma de identificar se há energia desqualificada em qualquer ambiente e também é excelente para fazer a limpeza energética:

– Pegue um copo de vidro, encha com 3/4 de água e coloque 3 colheres de sopa de sal grosso. Não precisa mexer.

– Deixe o copo no chão ou em cima de um armário (não pode ser dentro), de modo que ele fique onde a energia do ambiente está circulando.

– Observe por 24 horas. O sal possui partículas positivas e negativas. A tendência é que a energia que está no ambiente se equilibre através dessas partículas. Quando a energia está muito densa, forma-se uma crosta dura de sal na borda do copo. Se isso acontecer, descarte a água com sal de dentro do copo – pode fazer isso na descarga ou na natureza – e coloque mais água e sal, na mesma medida de 3/4 com 3 colheres. Faça isso a cada 24 horas, até que a crosta não se forme mais.

– Depois disso, você pode passar a trocar a água com sal periodicamente. Uma vez por semana, por exemplo.

Essa é uma técnica que você pode usar em todos os ambientes da casa. Além da crosta de sal, podem acontecer outros fenômenos que indicam que o ambiente está muito denso, como o copo estourar ou a água mudar de cor.

Em lugares que estão em harmonia, não vai acontecer nada. Mas, em locais muito carregados, pode demorar um pouco para que a crosta de sal pare de aparecer, porque os ambientes guardam todas as energias desde a sua construção. Você não tem como saber o que aconteceu naquela casa ou naquele cômodo antes de você ir morar ali.

Pode ser que alguém tenha passado muito tempo doente nesse lugar, sofrendo muito, e essa energia ficou enraizada. A energia fica gravitando naquele lugar até que seja feito um trabalho de limpeza energética. E essa técnica da água com sal grosso é ótima para isso.

CARVÃO

– Pegue um copo, encha com 3/4 de água e coloque 3 pequenos pedaços de carvão mineral (apagados) dentro dele. Deixe por pelo menos 24 horas.

– Se o carvão afundar, é porque a energia está densa.

– Já se o carvão boiar, é porque a energia do local está em equilíbrio.

ELETRODOMÉSTICOS E ELETRÔNICOS

Eletrodomésticos, eletrônicos e lâmpadas são um ótimo termômetro energético do seu ambiente. Quando começam a queimar muito seguidamente, ou quando há algum problema de energia elétrica, significa que as pessoas estão muito tensas, com raiva, paixões, obsessões, estresse, preocupação, neurose, medo, angústia ou qualquer outro problema ligado ao terceiro chacra.

HIDRÁULICA

Quando começam a surgir problemas de vazamento de água, alagamento, estouro de cano ou qualquer problema relacionado à água, existem emoções reprimidas e sentimentos que precisam ser expressados. Quando as pessoas precisam chorar, colocar emoções para fora e não fazem isso, a casa responde como um vazamento, como se ela própria estivesse chorando e extravasando essas emoções reprimidas.

OBJETOS QUEBRADOS

Quando muitos objetos começam a se quebrar seguidamente, como copos, por exemplo, isso também indica energia desequilibrada, pesada. De tanto absorver energia densa, os objetos se saturam. Às vezes pode ser também um obsessor querendo se manifestar.

TÉCNICAS PARA LIMPAR E HARMONIZAR SEU AMBIENTE

A seguir, você vai conhecer algumas técnicas para aplicar na sua casa quando os termômetros indicarem qualquer tipo de desequilíbrio na energia do ambiente. No entanto, antes de aplicá-las, sugerimos que você convoque as pessoas que moram com você – cônjuge, filhos, amigos ou quem for – para fazer uma grande faxina na casa.

A casa limpa fisicamente é mais fácil de limpar energeticamente. Portanto, identifique tudo o que não é mais útil e passe isso adiante, doe os objetos para pessoas que realmente farão uso deles. Tudo o que está dentro de uma casa forma a identidade energética do lar. Coisas paradas tendem a acumular energia densa e isso vai se somando à identidade psíquica do seu lar.

Além disso, em espaços muito abarrotados, a energia não flui e isso afeta o comportamento, a autoestima e a energia de todos os chacras. Do mesmo modo que a energia não flui pela casa, ela não consegue fluir pelos chacras, e aí a doença vem.

Um ambiente doente faz as pessoas adoecerem. Por outro lado, todo mundo que mora numa casa harmonizada e limpa energeticamente, sente a diferença na sua vida, melhora sua performance e se sente muito mais feliz.

Faça cada uma das técnicas e, quando conseguir fazer todas, vai notar uma energia incrível. O psiquismo muda muito e você passa a se sentir melhor, fica mais criativo, tem mais ideias e melhora a sua saúde. Isso acontece porque seus chacras estão fluindo em completa harmonia com a natureza, a energia da natureza está vibrando no seu interior e tudo começa a melhorar.

CRISTAIS

Coloque cristais espalhados pela casa, principalmente nos banheiros. Se não tiver condições de colocar em toda a casa, coloque pelo menos nos banheiros, que têm uma grande concentração de energia densa. Nos outros ambientes, use-os de acordo com a sua intuição.

SPRAYS COM ERVAS, CHÁS E INCENSOS

Use na sua casa os perfumes de que mais gosta. Mas certifique-se de que eles não vêm de mão de obra escrava. Ouvimos falar muito desse tipo de trabalho na Índia e em outros países do Oriente. Se você compra um produto feito por mão de obra escrava, ele vai trazer essa energia para você. Além do mais, precisamos observar a cosmoética em tudo o que fazemos. Mais adiante neste capítulo você encontrará receitas para sprays que poderá usar em situações bem específicas.

SOM AMBIENTE

Coloque sons ambientes com barulhos de natureza. É muito fácil encontrar esse tipo de música disponível na internet. Aqui, mais uma vez, vale ressaltar que você não deve baixar músicas de sites ilegais. Se existe algum valor a pagar por elas, pague. Isso é cosmoética e vai manter a sua energia elevada. Se você tem a intenção de melhorar o ambiente da sua casa, uma música pirata não vai ser bem-vinda.

MENTALIZAÇÃO DAS CORES

Esta técnica proporciona a limpeza energética com base em três cores:

– *Violeta*: responsável por transmutar e limpar energias densas;
– *Branco*: que purifica o ambiente;
– *Dourado*: que sela e protege todo o seu ambiente.

Para fazer isso, basta fechar os olhos e imaginar – se não conseguir imaginar, acredite – que uma luz violeta em forma de redemoinho vem do céu e limpa todo o seu lar – teto, parede, chão, tomadas, ralos, janelas. Essa luz vai passando em toda sua casa, ambiente por ambiente, cômodo por cômodo.

Em seguida, repita a mentalização com a luz branca e depois com a luz dourada. Se você fizer essa mentalização antes de dormir, limpará o seu quarto, purificará sua alma e terá um sono muito mais tranquilo e revigorante. Você também pode fazer essa técnica a distância, de qualquer lugar em que estiver, apenas visualize sua casa.

MENSAGEIROS DOS VENTOS

Este objeto tem a importante função de afastar energia densa para bem longe do seu ambiente. Recomendamos que você compre os mensageiros dos ventos que são feitos de bambu, pois ele espanta as energias intrusas, mas pode ser qualquer um cujo som seja agradável aos seus ouvidos.

SÍMBOLOS RADIESTÉSICOS

Se você trabalha com radiestesia, pode colocar o Símbolo Compensador André Philippe (SCAP) e outros símbolos radiestésicos específicos nos lugares apropriados. Meça com pêndulo qual o melhor símbolo, o tamanho e o tempo de emissão, procure a imagem do SCAP na internet, imprima e coloque no ambiente. Se você não trabalha com radiestesia, procure ajuda de alguém que o faça. Esses símbolos são uma geometria sagrada e, se não forem bem usados, podem até fazer as pessoas perderem o sono, além de causar outros transtornos.

PIRÂMIDE DE LUZ

Esta é uma técnica que você pode fazer logo depois da mentalização das cores. Basta imaginar que sua casa fica dentro de uma grande pirâmide de luz.

INVOCAÇÃO DOS ANJOS

Outra técnica bastante eficiente é invocar a presença dos anjos e arcanjos. Imagine que eles estão em volta da sua casa, como se fossem guardiões, protegendo e iluminando tudo ao redor dela. Se você mora em apartamento, imagine esses seres de luz apenas em volta do seu apartamento. Se você mora com seus pais, faça apenas no seu quarto ou peça autorização deles para fazer na casa inteira. Isso porque só os donos do espaço podem aplicar a limpeza energética.

FONTES DE ÁGUA

Escolha um modelo de fonte decorativa que combine com a sua decoração e a deixe ligada. Só o barulho da água já traz purificação para o ambiente.

PLANTAS

Tenha plantas no interior dos ambientes. Quanto mais plantas perto dos seres humanos, melhor. Além de purificar o ar, já que emitem oxigênio, elas são excelentes filtros de ambiente. Você pode avaliar a energia da sua casa pelo tempo que as plantas sobrevivem. Para que elas durem mais e respondam melhor a você, experimente conversar com elas.

CORES

Use adequadamente as cores na sua casa. Você pode encontrar muito conteúdo interessante sobre isso em sites confiáveis na internet. No site da Luz da Serra mesmo, você encontra uma série de informações interessantes sobre cromoterapia para aplicar no seu ambiente. Vamos aqui dar uma explicação breve sobre esse assunto.

O **vermelho** é uma cor usada para ativar as pessoas e também trata da prosperidade e da fartura. Todo ambiente em que as pessoas precisem de mais disposição e energia, como uma academia de ginástica, deve ser pintado de vermelho. Já o **laranja** trabalha os relacionamentos. Por isso é bom ter objetos e itens de decoração com essa cor na sala, em almofadas, por exemplo.

O **verde** é uma cor que, de forma geral, traz equilíbrio e saúde para os ambientes, promovendo a cura. Então, em lugares em que há alguém doente, você pode usar uma almofada, pintar uma parede ou ter outros objetos dessa cor, para que a vibração dela ancore no ambiente essa energia de cura.

Origem de todas as cores, o **branco** causa a sensação de ausência de estímulo (tranquilidade, paz). Pode causar irritação e impaciência, porém traz a sensação de limpeza. Deve ser evitado em quartos de criança e locais de encontro de pessoas que não se conhecem.

O **violeta** tem o menor comprimento de onda e a mais alta energia de todas as cores. Ocorre numa faixa muito estreita, ao lado da luz ultravioleta. Uma combinação das energias masculinas do vermelho e das energias femininas do azul, é usada para limpeza energética de lugares e pessoas. Ligada ao sétimo chacra (Coronário ou *Sahasrara*), a qualidade de cura atribuída ao violeta é a força física e espiritual. Essa cor favorece o amor por si e a dignidade, levando ao amor incondicional.

O **rosa** está relacionado à autoestima e à vaidade e estimula o autoamor e a confiança na sua própria imagem. Ligada ao 8° chacra, que fica próximo ao coração e está associado ao amor incondicional e à compaixão, é uma cor que precisa ser utilizada com cuidado para não estimular a vaidade excessiva que causa a futilidade.

Já o **preto** e o **cinza** não são cores. A ausência total de cor parte das escalas de cinza e vai até o preto. Essas "não cores" devem ser evitadas nos ambientes, pois causam depressão e tristeza. Não é recomendado usá-las em quartos, principalmente de crianças, e em locais de cura.

Associado a chacras muito superiores que estão acima do coronário, o **dourado** está relacionado ao processo de iluminação. É a cor que simboliza a proteção de Deus e o poder pessoal.

Nos quartos, o ideal é que se usem cores claras, como **azul-claro**, **verde-claro** e ***off-white***. Quanto mais claras as paredes de um quarto, melhor é para dormir. Principalmente quando se tem crianças hiperativas. O quarto delas nunca deve ter cores fortes, sobretudo o vermelho, que é a cor da energia. Essa cor agita o sono.

Se você usar um **amarelo forte**, pode ficar excessivamente feliz e eufórico, sem conseguir relaxar. Por sua vez, o **azul-marinho** ou **royal** traz muita atividade mental, e a pessoa começa a pensar, sem desacelerar para dormir.

SPRAY DE ÁGUA COM SAL GROSSO

Faça uma mistura de 1 litro de água para duas colheres de sopa de sal grosso, coloque em um borrifador e espalhe por toda a casa ou cômodo que queira limpar energeticamente – no teto, nas paredes e no chão. Esta técnica funciona muito bem, especialmente quando o ambiente está muito denso. Mas é preciso que depois de essa mistura secar, você limpe tudo, porque fica uma camada de sal no teto, nas paredes e no chão. Então, antes de fazê-la certifique-se de que está com disposição para ir até o fim da limpeza.

ORAÇÃO NO AMBIENTE

Você pode fazer uma oração no ambiente. Não tem muita regra. Faça qualquer oração de que você goste, que o faça se sentir bem e o conecte. No site O Chamado da Luz (*www.luzdaserra.com.br/o-chamado-da-luz*), você vai encontrar a Conexão de Quatro Etapas ou Oração Conectada de Quatro Etapas.

É um modelo bem simples que você pode usar. Primeiro você agradece, após se conecta a todos em oração, depois reza pelo mundo, pelas pessoas que sofrem e, na última etapa, reza pedindo luz para seus objetivos e metas.

Como fazer a oração para harmonizar seu ambiente

1. Convide as pessoas que moram na sua casa para montar um grupo de oração que aconteça uma vez por semana, sempre no mesmo dia e horário. É um compromisso mesmo que você assume com a energia da sua casa.

2. Este grupo se senta de mãos dadas, formando um círculo, de olhos fechados e procurando acalmar a mente.

3. Um integrante do grupo inicia a oração, fazendo um agradecimento – pela vida, pela cidade onde moram, pelas bênçãos que recebem diariamente.

4. Em seguida, ele pede proteção e amparo aos seres de luz para que estejam com o grupo nesta oração.

5. Então todos fazem uma prece, que pode ser "A Grande Invocação" (apresentada a seguir), qualquer outra oração que vocês gostem ou, se preferirem, podem cantar mantras. Não fique preso a um padrão, siga a sintonia do grupo e deixe a sua intuição falar mais alto.

6. Todos podem participar dessa prece ou mantra, que é oferecida em benefício da humanidade, das pessoas que precisam, dos governantes, para hospitais, creches, orfanatos, penitenciárias e todas as regiões do mundo que estejam em conflito ou em guerra, bem como para tudo e todos que vierem à sua mente – seus amigos, parentes e o grupo também.

7. Por fim, o líder do grupo, aquele que está conduzindo a oração, deve pedir aos seres de luz que iluminem, transmutem e elevem a energia do grupo e do lar.

8. Encerra-se em estado de gratidão, com agradecimentos de coração e intenção.

Esta é uma prática muito simples que tem o poder de higienizar o ambiente de forma muito profunda. Você vai ver os resultados já na primeira vez que fizer a prece. No início, é bom que você faça isso todos os dias. Depois de um tempo, quando a energia já estiver ancorada e já for parte do seu lar, pode fazer uma vez por semana.

Você também pode usar a oração a seguir, "A Grande Invocação", que une nossos chacras à Fonte da Criação.

Faça várias cópias impressas dela e cole atrás dos quadros, viradas para a parede. É aconselhável que você tenha pelo menos uma em cada cômodo.

A GRANDE INVOCAÇÃO

Do ponto de luz na mente de Deus
Flua luz às mentes dos homens
Que a luz permaneça na Terra

Do ponto de amor no coração de Deus
Flua amor aos corações dos homens
Que o Cristo volte à Terra

Do centro onde a vontade de Deus é conhecida
Que o propósito guie as pequenas vontades dos homens
O propósito que os Mestres conhecem e seguem

Do centro a que chamamos raça dos homens
Que se manifeste o plano de amor e luz
E confirme a vontade para o bem

Que a luz, o amor e o poder
mantenham o Plano Divino sobre a Terra
Que assim seja e sempre será, porque assim é!

REVERSORES PSÍQUICOS

Você pode ancorar reversores psíquicos em pontos específicos, de acordo com a necessidade. Qualquer objeto pode ser um reversor psíquico: um mensageiro dos ventos, uma imagem de Buddha ou qualquer outra entidade de que você goste, um incensário, um cristal, que tem a capacidade de repetir a informação sempre na mesma frequência, ou qualquer coisa que lhe seja cara.

Para isso, você posiciona o objeto no lugar onde ele vai ficar, em seguida faz uma oração, afirmando que esse ponto é um gerador de energia positiva na sua casa.

Segure o objeto entre as mãos e imagine cores, luzes, anjos, cristais e sons – tudo o que quiser – nesse objeto. Mentalize que dentro dele moram símbolos de Reiki, fadas, anjos e qualquer coisa que lhe passe a impressão de luz, paz, proteção e harmonia. Toque com bastante firmeza no objeto três vezes e agradeça.

Faça isso por pelo menos três dias seguidos. Depois desses três dias, você já tem na sua casa um reversor psíquico e, a cada vez que ele for tocado, toda essa energia de luz vai se espalhar na sua casa e no seu ambiente.

Mesmo quando você não estiver muito bem, meio doente ou se sentindo cansado, essa energia vai se expandir por toda a sua casa revertendo o psiquismo para melhor.

Não há limites para o número de reversores psíquicos. Você pode ter quantos quiser na sua casa, mas coloque sempre um na entrada e outro no maior cômodo da casa.

FITOENERGÉTICA

A Fitoenergética é um sistema de cura natural que ajuda os seres humanos a se curarem por meio da energia das plantas. Ela é bem diferente da Fitoterapia. Na Fitoterapia a cura se dá através de agentes químicos, princípios ativos que atuam no nosso organismo.

Na Fitoterapia, a camomila, por exemplo, tem uma substância que atua quimicamente no estômago, fazendo com que ele se cure de dores e mal-estar. Já a malva possui uma propriedade anti-inflamatória, etc.

Já a Fitoenergética estuda as propriedades das plantas no nosso campo emocional, mental e espiritual. Usa a energia da planta para atuar na nossa energia, fazendo com que os chacras funcionem na vibração correta para produzir as substâncias necessárias.

A Fitoenergética também é capaz de atuar na energia dos ambientes. Você pode preparar as infusões e usá-las diariamente em sprays ou por vaporização.

Para preparar o chá, aqueça a água, sem deixá-la ferver, desligue o fogo e coloque as ervas escolhidas em infusão. Você não deve esquentar a água em micro-ondas e não precisa usar uma grande quantidade de ervas.

Para o spray, você coloca esse chá num borrifador e o espalha pelos ambientes que desejar. Para a infusão, você prepara esse chá quente e, em seguida, vai andando com o recipiente pela casa, deixando a fumaça que sai do líquido se espalhar.

Enquanto estiver borrifando ou vaporizando sua casa, use palavras de poder, como paz, luz, cura, amor, transformação. Você também pode rezar, cantar, entoar mantras – qualquer prática de que goste.

Veja a seguir nove combinações de ervas para fins específicos:

Para limpar e proteger energeticamente o seu lar: canela, erva-de-bicho, endro, louro e boldo-do-chile.

Para gerar paz, harmonia e entendimento entre as pessoas: marcela, maçã e quebra-pedra.

Para melhorar o relacionamento do casal: gengibre, camomila e sabugueiro.

Para eliminar a melancolia e a tristeza do local: chá-verde, chapéu de couro e carobinha – se não achar a carobinha, pode substituí-la pela bardana.

Para gerar serenidade e leveza no ambiente: laranjeira, alfazema e stévia.

Para gerar um ambiente de meditação e reflexão: quitoco, ginseng e hipérico.

Para equilíbrio energético especial para locais com grande circulação de pessoas: pitangueira, cavalinha, endro e boldo-do-chile.

Para ter criatividade, intuição, novas ideias e estimular o pensamento: maracujá, cravo-da-índia e ginkgo biloba.

Para gerar esperança, motivação e força de vontade: bugre, maracujá e cáscara-sagrada.

Se quiser se aprofundar em Fitoenergética, acesse o site *www.luzdaserra.com.br/fitoenergetica*, onde você vai encontrar uma série de receitas para outros fins, além de várias informações sobre o assunto e de como ir mais a fundo nesta técnica.

PRÁTICA DIÁRIA DE HARMONIZAÇÃO DE AMBIENTES

Agora que você já conhece todas técnicas isoladamente, vamos propor uma prática que você pode fazer todos os dias – ou sempre que achar necessário –, para limpar e proteger o seu ambiente.

Esta técnica pode ser feita mesmo a distância, sempre que você quiser, e gera excelentes resultados.

1. Imagine o ambiente que deseja harmonizar, como uma foto na sua mente, clara e com todos os seus elementos.

2. Faça uma oração e uma preparação pessoal, serenando sua mente e invocando a energia divina de acordo com a sua crença. Qualquer coisa que o deixe com uma sintonia muito elevada.

3. Imagine, visualize ou acredite que você entra nesse ambiente e uma forte luz violeta, em forma de redemoinho, passa por cada espaço dele – no teto, na parede, no chão. Mentalize que ele está limpando e transmutando toda e qualquer energia negativa.

4. Em seguida, imagine uma forte e vibrante luz branca que entra energizando, trazendo paz e tranquilidade e purificando todos os espaços.

5. Depois da luz branca, imagine uma luz dourada permeando esse ambiente, trazendo proteção e segurança, selando esse processo.

6. Fique em paz, sinta a vibração dessas cores e então imagine anjos, seres de luz, guardiões espirituais espalhados ao redor desse ambiente, do lado de fora, no terreno, o cercando. Se você tiver afinidade com o xamanismo, pode também imaginar animais de poder.

7. Aplique a proteção psíquica no ambiente, imaginando-o envolvido por uma pirâmide de luz. Essa pirâmide pode emanar as cores que sua intuição desejar, desde que sejam muito vibrantes e energizantes.

8. Faça ancoragens nos reversores psíquicos do interior do ambiente, sendo pelo menos um na entrada principal e outro no maior cômodo da casa.

CAPÍTULO NOVE

O INIMIGO MORA NA SUA CASA

COMO ESTÁ O PSIQUISMO DO SEU LAR, do seu trabalho e do seu carro? A nossa intenção é sempre cuidar para que o psiquismo do nosso ambiente – a casa, o escritório ou o carro – seja de luz, alegria, harmonia e leveza.

A ideia é que nossos ambientes sejam tão harmonizados a ponto de serem capazes de mudar a nossa vibração, como verdadeiras fontes de energia benéfica. Assim, ao entrar neles, você vai se sentir revitalizado, com as energias recarregadas, por mais exausto, estressado ou irritado que esteja.

A boa notícia é que se esse psiquismo não está bom, você pode moldá-lo, pois ele é totalmente plástico. Como dizem os grandes sábios, o verdadeiro mestre é aquele que chega a um lugar e muda o psiquismo em vez de se deixar afetar por ele. Por isso é muito importante que você saiba quais são os agentes geradores de energia negativa em um lar, para que possa aplicar de forma eficaz as contramedidas, modificando-o positivamente.

GERADORES DE ENERGIA NEGATIVA

A seguir apresentamos uma lista de agentes que geram vibrações negativas dentro da nossa casa e todos os cuidados que você pode tomar para neutralizá-los.

1. APARELHOS ELETROELETRÔNICOS

Os nossos chacras vibram no sentido horário ou anti-horário, portanto, nossa energia é circular. Já a energia da tomada, proveniente da rede elétrica, é verde e quadrada. Ela não é uma energia natural, foi inventada pelo homem. Logo, não é compatível com a energia dos seres vivos.

Dessa forma, todo aparelho ligado na tomada gera uma onda nociva. Geladeira, micro-ondas, forno elétrico, ferro de passar roupa, máquina de lavar, secadora, televisão, aparelho de DVD – tudo o que for ligado numa tomada tem onda verde quadrada, incompatível com sua onda física, com a energia cerebral e dos chacras.

Ficar com a cabeça muito perto da tomada, principalmente enquanto dormimos, ou viver em meio a um monte de aparelhos eletroeletrônicos pode nos desvitalizar e começar a gerar problemas em nossa saúde.

As ondas eletromagnéticas nocivas neutralizam boa parte da sua energia vital e assim, em vez de você captar energia boa, absorve uma energia desqualificada, e suas glândulas começam a funcionar aquém de sua capacidade.

Contramedidas

– Mentalmente envolva os principais aparelhos do ambiente em uma bolha de luz dourada. Mentalize essa bolha por um tempo e repita por 3 a 4 dias. Depois desse tempo acontece a ancoragem, ou seja, essa bolha de luz dourada fica ancorada naquele aparelho e você só precisa reforçá-la uma vez por semana, até que entenda e acredite que aquela bolha realmente está instalada naquele lugar.

– Mantenha sempre esses equipamentos o mais afastados possível dos seres que habitam o local, jamais os colocando nas cabeceiras das camas (celular e radiorrelógio, por exemplo) ou próximos a depósitos de alimentos (nesse caso, manter a pelo menos um metro de distância). Recomendamos que, para acordar, você tenha um despertador tradicional e mantenha o celular longe.

– Use cartões neutralizadores, SCAPs e outros símbolos radiestésicos em locais apropriados. Esses símbolos têm uma geometria sagrada e você pode colá-los nos aparelhos para neutralizar as ondas negativas. É muito importante lembrar que os SCAPs têm uma energia tão poderosa que só é indicada a colocação de um por semana, para que sua casa tenha tempo de se reequilibrar.

2. BANHEIROS

Com uma grande concentração de entradas e saídas hidráulicas, o banheiro é um grande ladrão de energia, principalmente pelo ralo e pelo vaso sanitário. Ele acumula frequências muito densas, associadas aos dejetos. É no banheiro que deixamos tudo aquilo que nosso corpo entendeu que precisa ser descartado – a sujeira e as células mortas que se vão no banho, a urina e as fezes.

Contramedidas

– Mentalmente envolva em uma bolha de luz dourada todas as saídas hidráulicas: ralo, ralo da pia, torneira, canos, etc.

– Use um pote com sal grosso e água ou um filtro de ambiente nas saídas dos ralos.

– Tenha plantas dentro do banheiro. Pode ser um vasinho de manjericão, alecrim, sete-ervas ou qualquer outra planta de que você goste.

– Use SCAPs e símbolos radiestésicos.

– Use cristais específicos, como ametista, quartzo branco, turmalina negra, entre outros. A ametista em cima do ralo ajuda muito a equilibrar a energia do ambiente.

– Mantenha sempre a tampa do vaso e a porta do banheiro fechadas para evitar o roubo de energia. Não se deve deixar nunca a porta do banheiro aberta.

– Em um canto do banheiro, coloque um copo de água com uma colher de sal grosso e troque a cada três dias. O sal é ionizante, assim, quando o ambiente está muito carregado de energia negativa, o sal atrai as partículas negativas para dentro do copo e as quebra, de forma que elas não fiquem gravitando em seu ambiente.

3. CESTOS DE LIXO

Assim como os banheiros, os cestos de lixo acumulam material de frequência muito densa. É no lixo que descartamos o que não queremos mais, o que precisa sair da nossa vida. Por isso, quanto mais tempo você mantém o lixo dentro de casa, pior. É preciso trocá-lo com frequência.

Contramedidas

– Mantenha o cesto sempre tampado.

– Jamais acumule lixo em excesso.

– Sempre que o lixo encher, leve-o para fora do ambiente. Nunca deixe uma sacolinha de lixo fora do cesto dentro da sua casa.

– Coloque cristais específicos perto da lixeira (ametista, quartzo branco, quartzo rosa). Eles ajudam a transmutar a energia da lixeira.

– Mentalmente envolva o cesto de lixo com uma bolha de luz dourada.

– Use SCAPs ou símbolos radiestésicos.

Aqui também é importante dizer que lixo não é só o que está no cesto. Você deve cuidar para não acumular "cacarecos" em casa. Quem é acumulador, junta muita coisa, vai deixando a energia do ambiente muito pesada. Isso faz mal para a saúde, desorganiza a casa, o nosso universo e as nossas emoções.

Lixo é tudo aquilo que você não usa, que poderia descartar ou doar, ajudando assim outras pessoas. Verifique com frequência seus armários, sua despensa e sua geladeira. Comida que não vai mais comer ou estragada, produtos com prazo de validade vencido, roupas que você não gosta – é preciso limpar, desapegar e descartar. Talvez você até se surpreenda com a quantidade de lixo que há na sua casa, só não está depositado na lixeira.

O acúmulo faz a energia pesar. Entenda que você só pode ter por perto as coisas que vai usar realmente. Deixe a sua casa mais livre, com mais espaço de circulação. Assim, com certeza a energia vai fluir.

4. TOMADAS E CAIXAS DE LUZ

As energias que saem das tomadas, interruptores, quadros elétricos e disjuntores fazem muito mal a saúde, principalmente quando dormimos ou passamos grande parte do dia perto deles. A mesma onda verde quadrada dos aparelhos eletroeletrônicos é produzida por eles.

Contramedidas

– Mentalmente, imagine uma bolha de luz dourada selando cada interruptor, disjuntor ou chave de luz.

– Use SCAPs ou outros símbolos radiestésicos em cada um desses pontos.

– Posicione estrategicamente cristais específicos. Uma casa sem cristais fica com os termômetros de ambientes mais prejudicados e debilitados. Como vimos, existe uma hierarquia dos termômetros de ambientes.

– Use um copo de água com sal grosso nas proximidades desses pontos e troque a cada três dias.

– Jamais posicione cabeceiras de camas, sofás ou depósitos de alimentos perto de caixas de disjuntores ou grandes fiações elétricas.

5. FOTOS EXPOSTAS NOS AMBIENTES

Este é um tema muito polêmico, mas você deve ter cuidado ao expor as fotos, principalmente de pessoas que já faleceram.

A foto traz a energia dessas pessoas para o seu ambiente e, a cada vez que você passa pela foto e se lembra delas, emite um sentimento, pensamento e emoção que o impede de seguir em frente no seu caminho de evolução.

O mais saudável é recolher essas fotos do ambiente e guardar as pessoas em seu coração.

Da mesma forma, expor fotos de uma época muito feliz e ficar cultuando esse tempo faz você ficar preso ao passado, esquecendo-se de viver o agora.

Tente renovar sempre suas fotos e dar movimento para a energia dessas imagens na sua casa. Guardar fotos muito antigas faz você entrar em contato com energias igualmente muito antigas.

Contramedidas

– Fotos de pessoas falecidas jamais devem permanecer expostas. Guarde-as em álbuns ou caixas fechadas dentro de armários. Normalmente essas fotos estimulam sentimentos de dor, perda e emoções negativas. Olhar essas fotos somente de vez em quando já diminui consideravelmente o efeito delas, tanto na sua casa quanto na caminhada evolutiva dessas pessoas.

– As fotos devem ser concentradas em um único ponto da casa, contendo preferencialmente só os familiares mais próximos e amigos íntimos. As fotos conectam você com a energia atual das pessoas nela apresentadas, que pode ser boa ou ruim. Assim, quando você expõe a foto de um colega que não vê há muito tempo, mas que está passando por uma fase ruim, essa energia negativa pode entrar na sua casa.

– Mentalmente, imagine uma bolha de luz dourada nesse local de fotos, protegendo os quadros e porta-retratos.

6. VELAS ACESAS

Muitas pessoas adoram velas perfumadas ou decorativas para deixar o ambiente mais aconchegante ou fazer um jantar romântico. O objetivo pode até ser nobre, mas normalmente isso acaba prejudicando o ambiente. O calor da chama é um forte gerador de energia eletromagnética, que pode atrair para dentro da sua casa seres negativos de outras esferas espirituais.

Quando você acende uma vela, o que importa é a sua intenção. Mas, se sua energia não estiver muito boa naquele momento, esses seres que buscam luz podem ser atraídos para dentro da sua casa. E é sempre bom lembrar que seres de luz não precisam de velas.

Contramedidas

– Evite acender velas dentro de casa.

– Caso tenha gosto por velas, não há problema em tê-las, apenas não acenda, ou acenda somente em seu pensamento. É recomendado que velas sejam acesas em igrejas, templos ou capelas.

7. MÚSICAS DE APELO NEGATIVO

As músicas sempre são mantras e os sons têm efeitos poderosos na nossa fisiologia e na nossa vitalidade. Então, quando você ouve músicas apelativas, de conteúdo questionável, elas baixam a energia da sua casa, gerando uma vibração muito negativa no ambiente. Por isso, selecione o que você escuta, tente ouvir músicas com letras positivas, versos construtivos, que elevem o ambiente e sejam edificantes.

Quando você ouve músicas que falam de dor, tristeza, perda e emoções negativas, a tendência é que sua casa fique conectada a essa esfera emocional e que sua energia baixe, suas células se sintam cansadas. E quando você sintoniza uma rádio – em casa, no carro ou aonde for – conecta-se a todas as pessoas que estão ouvindo aquela estação no mesmo momento.

Contramedidas

– Dê preferência para músicas que harmonizem seu corpo, sua mente, seu espírito e seu ambiente, que não irritem ou gerem cansaço mental.

– Ouça música de paz e harmonia, independentemente de serem calmas ou animadas.

– Coloque em seu ambiente sons da natureza, principalmente de água, cachoeira ou rio, que ajudam a purificar a vibração. Mantras também são muito positivos.

8. PINTURAS DAS PAREDES

As paredes de um ambiente armazenam energia dos materiais usados e das pessoas que trabalharam na construção, bem como das pessoas que transitam por ali. Tudo o que aconteceu na construção fica armazenado e depois vai se somando ao que as pessoas fazem ali todos os dias.

Isso cria um padrão que fica ancorado naquele material e interfere diretamente na harmonia do ambiente.

Contramedidas

– Sempre que possível, pinte as paredes para limpar ancoragens. A tinta nova tem o poder de renovar a energia.

– Se não for possível pintar toda a casa, pinte pelo menos uma parede por ambiente.

– Se nem isso for possível, lave as paredes com água e sal grosso na proporção de um litro de água para duas colheres de sopa de sal grosso e depois enxágue a parede com água pura e limpa. Em lugares muito úmidos, isso precisa ser feito no verão, porque, no inverno, pode piorar bastante a umidade das paredes e da casa.

9. EXCESSO DE OBJETOS E UTENSÍLIOS PARADOS

O Universo precisou do vazio para ser criado. A energia precisa de espaço vazio para se fazer. Por isso é fundamental ter essa abertura na sua casa. Quando você tem muitas coisas, a casa é muito entulhada, a energia não consegue circular.

Além disso, quando acumulamos muitas coisas em nosso lar ou ambiente de trabalho, a tendência é que dentro de nós também comecemos a acumular sentimentos, pensamentos e emoções que não são agradáveis.

Então, a nossa recomendação é que você agende um dia da semana ou do mês – que marque esse dia em sua agenda – para se libertar de tudo aquilo que é inútil na sua casa e na sua rotina. Deixe apenas o necessário para o seu dia a dia. Organização é uma palavra fundamental se você quer ter alta performance em qualquer área de sua vida. Quando o ambiente não é limpo e organizado, ele não é saudável.

Ninguém pode ser feliz no meio da bagunça. Você precisa buscar conhecimento nessa área e aprender a se organizar. Para isso, existem várias técnicas, gurus, sites na internet e programas de TV (principalmente na TV por assinatura) que ensinam técnicas de arrumação, para organizar sua casa, seu armário e seus espaços.

No livro "A mágica da arrumação", Marie Kondo propõe uma verdadeira faxina na sua vida. Uma das dicas que ela dá é que você só fique com as coisas de que realmente gosta e descarte tudo aquilo de que não lhe traz alegria. Às vezes seu armário está cheio de peças de roupa das quais você não gosta, mas não tem coragem de se desfazer porque pagou caro por elas. Você precisa se desfazer dessas coisas e recomeçar, escolhendo melhor na hora de comprar.

É muito triste viver uma vida rodeado de coisas das quais você não gosta – trabalho, roupas, objetos ou até mesmo pessoas. Liberte-se de todos os apegos. Fique só com o que é funcional, o que realmente precisa. Desapegue-se também de pessoas que não lhe agregam nada e siga em frente.

Organizar uma casa e deixá-la funcional melhora a saúde de todos que vivem nela. Então, você deve começar a organizar a sua vida pelo ambiente externo, e essa organização vai se refletir no ambiente interno.

Contramedidas

– Periodicamente organize as coisas que você tem guardadas, selecione aquilo que pode ser doado ou descartado, como roupas, sapatos, objetos, móveis, etc. Mantenha perto de você só o que lhe agrega valor e faz sua vida brilhar.

– Coloque fontes de água no ambiente, principalmente nos cantos e embaixo das escadas, porque as fontes de água fazem a energia circular.

– Use bibelôs, cata-ventos, mensageiros do vento e sinetas espalhados pelo ambiente como pontos de ancoragem dos reversores psíquicos. Para fazer essa ancoragem, faça uma oração de que você gosta sobre o objeto ou coloque nele símbolos de Reiki, mentalizando que, cada vez que o vento bater nesse objeto, essa energia positiva será espalhada pelo ambiente.

– Se a circulação de ar na sua casa for fraca, reforce-a abrindo portas e janelas. Os elementais do ar têm o poder de limpar a energia.

– Use copos de água com sal grosso e troque a cada três dias onde a energia estiver estagnada.

10. HIGIENE LOCAL

Algumas pessoas não dão importância para higiene do ambiente e até dizem coisas como "a vida é muito curta para fazer faxina". Mas em um ambiente sujo, a energia não circula. Não adianta nada fazer limpeza energética e empurrar a sujeira física para debaixo do tapete.

Fazer faxina física em casa é imprescindível, pois um ambiente sujo atrai todo tipo de energia densa.

Faça um pequeno exercício de mentalização. Imagine que você chegou do trabalho e encontrou a casa toda bagunçada, com roupa espalhada pela sala, o chão sujo, a cozinha imunda... Qual a sensação que você tem ao entrar numa casa assim? Não parece que trabalhou o dobro e está muito mais cansado?

Agora imagine que você chega em casa e ela está organizada, limpa, cheirosa e arrumada. A sensação não é muito melhor?

Se você vive em um ambiente limpo e organizado, pode ter mais coragem, alcançar melhores resultados, ter um humor melhor, ser mais feliz e alegre.

E, por mais que você tenha alguém para fazer a faxina da sua casa, é interessante que você mesmo faça isso de vez em quando.

Assim, a sua energia – a energia da pessoa que mora lá, de quem manda lá – vai ter influência no ambiente, que é uma entidade viva e reconhece que seu dono quer transformá-lo. Dessa forma, se estabelece uma parceria e o ambiente começa a melhorar.

Contramedidas

– Periodicamente lave, limpe, faça uma faxina geral, tirando os móveis e utensílios do lugar, tirando o colchão para aspirá-lo, etc.

– Use aromatizadores, incensos e defumadores, que podem facilmente difundir um bom aroma pelo ambiente.

– Crie o hábito de incluir na limpeza física dicas de limpeza energética.

– Lave periodicamente o teto, as paredes e o chão dos ambientes com água e sal grosso na proporção de um litro de água para 2 colheres de sopa de sal grosso. Lembrando que depois é necessária uma outra limpeza, pois o sal grosso forma uma crosta pegajosa.

11. PADRÃO PSÍQUICO

O padrão psíquico de um lugar está intimamente ligado ao que as pessoas pensam, fazem e como se comportam. Se na família ou no grupo de pessoas que vivem no ambiente, existe um cenário em que só se reclama e só se fala de notícias ruins – assalto, acidente, crise, dor e morte –, é claro que a energia do ambiente vai se adensar, o padrão psíquico vai ficar pesado.

Os grupos se formam por afinidade e isso quer dizer que você pode e deve escolher as pessoas com quem vai se relacionar. Se você vive em um ambiente complicado, com pessoas que vibram numa energia que não é a sua e fazem coisas com as quais você não concorda, então está na hora de sair desse lugar.

Muitas vezes pode ser seu próprio ambiente familiar. Hoje em dia é muito comum pessoas com mais de quarenta anos ainda morarem com os pais. Essas pessoas às vezes se queixam de como essa situação é ruim, que os pais estão ficando velhos e cheios de mania e só reclamam. Contudo, o que essa pessoa está fazendo para sair dessa situação? Quarenta anos não é mais idade de morar com os pais.

Todo mundo deveria sair de perto dos pais pelo menos uma vez na vida, para ter uma experiência nova, crescer, desenvolver-se, adquirir novas responsabilidades.

Aliás, todas as pessoas deveriam ter a oportunidade de se afastar de todo mundo um pouco para se conhecer de verdade. Você não precisa morar sozinho para isso, mas pode fazer uma viagem sozinho de vez em quando, mesmo que seja uma viagem curta de um fim de semana.

O ideal em um ambiente, para que haja uma energia elevada e construtiva, é que se fale de coisas boas, que se discutam ideias novas, que transformem o mundo e o ajudem a crescer. Nós nunca vimos alguém ficar reclamando no sofá, desiludido da vida e ter sucesso. As pessoas que têm sucesso são as que se levantam e agem. Elas estão em busca de alguma coisa nova para mudar o mundo. E o mundo começa a se transformar através de você, quando você muda o seu mundo, o seu lar, o seu ambiente.

Contramedidas

– Para elevar o padrão psíquico de um ambiente, as pessoas que vivem nele precisam evitar assuntos negativos, não cultivar raiva e ódio, evitar brigas e desentendimentos, fofocas e conversas sobre temas de moral duvidosa.

– Não assistir a programas policiais na TV e evitar esses assuntos nos jornais e rádios. A mídia nos prende pela emoção e, para isso, existe uma grade com nove notícias ruins para uma notícia boa. Em um planeta com mais de 7 bilhões de pessoas, é claro que alguma coisa ruim vai acontecer com alguém em todos os lugares. Mas não acontece com grande parte das pessoas. A maioria tem uma vida normal. Porém, quanto mais você assiste a esse tipo de notícia ruim, que tem a ver com o seu contexto, mais se envolve nessa energia e acaba atraindo energia do mesmo padrão. Esta é uma lei natural: energia atrai energia; semelhante atrai semelhante.

– Sempre que possível assista a desenhos animados, coisas leves, conte piadas de bom gosto, leia, ore com a família, assista a filmes construtivos. Isso não é se tornar alienado, como muita gente diz. Você não precisa saber dos detalhes de uma história triste para saber que existe maldade no mundo. Isso não é frieza. Você pode fazer a sua parte, orando sempre para que haja mais amor e bondade. Além disso, quando uma notícia for muito importante, você vai acabar sabendo, porque as pessoas contam. Saber por outras pessoas é muito diferente de ver a notícia em primeira mão na TV, alimentando-se de todo o show de carnificina proporcionado pela mídia.

– Estimule o riso e a criatividade harmoniosa.

12. CONSUMO EXCESSIVO DE BEBIDAS ALCOÓLICAS

Muitos espíritos não evoluídos ficam presos à Terra por conta de seus vícios. Assim, quando o consumo de álcool é muito frequente, essa energia de alcoolismo atrai esses espíritos. Eles estimulam as pessoas a beberem, acoplam-se a elas e se alimentam dessa energia que passa para o duplo etérico.

É claro que você pode consumir uma taça de espumante no *réveillon* ou uma taça de vinho em uma festa, o que é muito diferente de beber todos os dias. Nosso corpo tem condições de absorver uma certa quantidade de bebida alcoólica, em média um cálice (300 ml). Se a bebida respeitar esse limite do nosso corpo físico, ela não passa para o corpo espiritual e emocional, e não há como esses espíritos se alimentarem dela. Um pouco de bebida alcoólica muito de vez em quando não mata ninguém. Mas o consumo em excesso e com muita frequência pode destruir a energia do seu lar.

Contramedidas

– Evite o consumo excessivo de bebidas alcoólicas dentro de casa.

– Evite manter uma rotina de ingestão de álcool; beba de vez em quando, sem regularidade.

– Jamais se embriague dentro de casa ou chegue em casa alcoolizado.

– Faça uma boa limpeza energética no ambiente sempre que houver consumo excessivo de álcool.

13. FLUXO DE PESSOAS NO LOCAL

A casa tem a energia das pessoas que moram nela – a sua, do seu cônjuge, dos seus filhos. Se há muitas pessoas diferentes circulando por ela todos os dias, a energia desse ambiente começa a se desorganizar e os campos de energia da casa começam a se desestruturar. Isso acontece porque as pessoas que entram trazem consigo, em seus próprios campos de energia, seus pensamentos, sentimentos, emoções, mágoas, raivas e tristezas.

Esses padrões tendem a impregnar os locais que as pessoas frequentam. Logo, quanto maior o fluxo de pessoas em um ambiente, maior será a alteração no padrão vibratório, que pode gerar desequilíbrio com facilidade.

Contramedidas

– Use copos de água com sal grosso e troque a cada três dias.

– Posicione fontes de água próximo aos locais de maior movimentação.

– Utilize spray polarizador de ambiente, defumadores e aromatizantes frequentemente.

– Utilize SCAPs e símbolos radiestésicos.

– Faça proteção psíquica do ambiente todos os dias.

– Tenha plantas.

– Use cristais específicos.

– Pinte as paredes com cores mais refletivas, evitando a absorção de padrões negativos. As cores mais claras são as que mais refletem a luz: **branco, azul-claro, verde-claro**. Elas são excelentes para ambientes que recebem muitas visitas. Se na sua casa há uma parede **preta** ou **vermelha**, por exemplo, tome cuidado, porque essas cores absorvem mais energia.

14. FESTAS E CONFRATERNIZAÇÕES

A realização de festas e confraternizações tende a ancorar as emoções das pessoas presentes no evento, e isso fica impregnado no teto, nas paredes, no chão. Por melhor que estivesse a festa, você não vai querer essa energia no seu ambiente por dias e dias. A festa tem de acontecer apenas naquele período determinado, sem que a energia fique gravitando no ambiente depois. Afinal, você quer descansar na sua casa.

Contramedidas

– Use copos de água com sal grosso durante a festa e troque logo depois que ela acabar.

– Use SCAPs e símbolos radiestésicos nos locais apropriados.

– Prepare o ambiente da casa antes da festa, fazendo defesa psíquica, utilizando sprays, vaporizadores e orações.

– Faça a limpeza energética imediatamente depois da festa.

15. COMPRAS

Tudo o que é novo e entra na sua casa pode exercer influência no ambiente. Roupas, móveis, alimentos, produtos de higiene e limpeza, eletrodomésticos, etc. – tudo traz em si a energia da fabricação, de todas as pessoas envolvidas nesse processo, e essa energia pode ser negativa ou positiva.

Vamos supor que você tenha comprado uma peça linda de uma artesã que a fez com muito amor e dedicação ou um quadro pintado por um artista em estado elevado. Isso vai ser positivo para o seu lar, um portal de luz dentro da sua casa.

Agora imagine que você, sem saber, tenha comprado uma roupa fabricada no exterior com mão de obra escrava. Essa roupa carrega a energia de dor e sofrimento da pessoa que a produziu. Por isso você deve sempre prestar bastante atenção ao que vai comprar.

Contramedidas

– Mentalmente, passe uma luz violeta imaginária em tudo que é novo e entra no ambiente, transmutando e limpando cargas negativas.

– Aplique Reiki ou desprograme com a radiestesia.

– Faça preces sobre os itens.

16. ROUPAS DO DIA DE TRABALHO

Depois de uma jornada muito estressante de trabalho, ancoramos nas roupas todas as sensações que tivemos durante o dia, tanto as informações conscientes quanto as inconscientes. Assim, as vestes de um dia intenso podem continuar trazendo essas sensações.

Contramedida

– A regra é muito simples: a partir de agora, a primeira coisa que você vai fazer todos os dias ao chegar em casa é tirar toda a sua roupa e tomar um bom banho, para não ficar revivendo as situações do dia. É como se fizesse uma troca para entrar em casa. Só essa atitude já lhe trará uma grande melhora na harmonia do lar.

17. LAREIRAS E CHURRASQUEIRAS

Lareiras e churrasqueiras são pontos de grandes concentrações de energias densas, responsáveis por roubar a energia vital dos seres que ali vivem.

Contramedidas

– Deixe lareiras e churrasqueiras tampadas sempre que possível.

– Imagine uma grande bolha de luz dourada ancorada neste local.

– Utilizar SCAPs e símbolos radiestésicos nas proximidades.

– Imagine que há sempre um fogo nesse ponto, queimando e transmutando toda a carga energética negativa da casa, mantendo o equilíbrio.

– Utilize dentro da churrasqueira ou da lareira sem uso um copo de água com sal grosso, trocando a cada três dias.

De início, pode parecer que é muita coisa. Mas, com o tempo, você verá que esses cuidados ficam automáticos, tornando-se parte da sua rotina.

Você pode até achar, num primeiro momento, que é estranho e que vai ficar cheio de manias. Porém, garantimos que são "manias" boas, capazes de melhorar a sua saúde e os relacionamentos dentro de casa.

Até mesmo os animais de estimação, que são verdadeiros termômetros de ambiente, começam a ter uma saúde melhor, pois eles não precisam se desvitalizar para que a casa se mantenha bem.

O CAMINHO DEFINITIVO
PARA VOCÊ CONQUISTAR
SEU PODER EXTRAFÍSICO

A IDENTIDADE DA ALMA DE UM INDIVÍDUO é a soma do universo dos seus pensamentos e sentimentos, que geram um padrão vibratório específico. Esse padrão, por compatibilidade, vai determinar os tipos de influências espirituais que a pessoa terá. Dessa forma, concluímos que o pensamento, ou psiquismo, é a chave de tudo. É a alavanca que aciona o mecanismo do sentir – toda emoção é resultante de algo pensado.

A identidade da alma de um ambiente, por sua vez, é resultante da soma do universo dos pensamentos e emoções das pessoas que ali convivem ou transitam, e das influências das energias telúricas, que vêm da terra, do local e da geobiologia em geral. O resultado desse somatório de tantas energias dita uma vibração energética característica. Essa identidade do ambiente, em função de sua sintonia, vai criar conexão com esferas espirituais mais densas ou mais sutis.

Como vimos, todo ambiente tem um *holopensene*. Através da observação, é possível conhecer o padrão moral e espiritual de todas as pessoas que o formaram. E é por meio desse *holopensene* que o ambiente age sobre as pessoas. Principalmente quando elas são despreparadas e não se importam com essas "coisas de energia".

Nesse caso, essas pessoas acabam sendo escravas do ambiente onde moram ou de qualquer lugar a que chegam, sendo influenciadas por eles sempre.

Quando o *holopensene* é muito baixo, nefasto e negativo, pode haver doenças relacionadas a ele. Sim, de fato as pessoas ficam doentes por causa de um ambiente ruim e contaminado. Assim, de nada adianta tratar apenas a doença física se não for feito um trabalho de cura do ambiente.

O mais importante aqui é entender que, se sua energia não for boa o suficiente para transformar o *holopensene* de um lugar, você deve sair dele. Mas toda energia pode ser modelada.

Por vezes esse processo pode ser mais demorado, porque, quando se mantém um mesmo padrão, seja ele positivo ou negativo, por um longo período, cria-se uma forma energética mais espessa e definida. Isso é o que chamamos de formas de pensamento – elas acabam se materializando de tanto que as pessoas pensam nisso.

Para que a identidade energética se transforme, o processo deve ser repetido com frequência e constância. Quando? *Hoje, amanhã e depois.*

Estas três palavras devem sempre orientar você nessa busca do seu Poder Extrafísico: hoje, amanhã e depois. Hoje, amanhã e depois.

Geralmente, o mais difícil é dar o primeiro passo neste caminho rumo à conquista do Poder Extrafísico. O motivo é que muitas vezes nossa energia está tão baixa que ficamos com preguiça, passamos a nos boicotar e a nos autossabotar, pensamos que nada vai dar certo, que não vai funcionar.

Mas, se você chegou até aqui, é porque está comprometido com essa transformação e com o desenvolvimento do seu Poder Extrafísico. Você leu todo este livro e possui acesso a um conhecimento poderoso, que poucas pessoas conhecem. Você aprendeu segredos e técnicas de eficácia comprovada. Agora está nas suas mãos colocar tudo isso em prática e fazer funcionar.

Lembre-se: o sábio não é sábio porque tem muito conhecimento. Ele é sábio porque usa o que sabe.

Se você usar o método que aprendeu aqui, sua vida vai melhorar em curto, médio e longo prazo. Você vai tomar decisões melhores, terá sentimentos mais elevados e se tornará uma pessoa mais perceptiva, consciente, amorosa e poderosa, portadora da força dos grandes seres, aquela força que faz os olhos brilharem e lhe dá energia para vencer as dificuldades.

Então, imagine...

Que você acorda de manhã e tem força, ânimo, motivação e alegria para sair da cama. Imagine que por onde você passa as pessoas costumam comentar o quanto você é disposto e cheio de energia.

Que você chega em casa, depois do trabalho, cheio de motivação para fazer as coisas das quais gosta no seu tempo livre e ainda tem energia de sobra para lidar com as coisas da rotina sem achar que tudo é um peso.

Que a sua vida está mais leve. E, à medida que você transforma a sua vida, vai também inspirando as pessoas ao seu redor a fazer o mesmo, ainda que você não tenha de falar uma única palavra para ensiná-los. Tudo isso porque quem estiver à sua volta vai sentir um brilho inovador e raramente encontrado em pessoas comuns.

Consegue imaginar tudo isso?

Consegue visualizar como a sua vida seria?

Consegue sentir na pele a emoção de se olhar no espelho todos os dias e ver que tem um brilho forte de ânimo e disposição saindo dos seus olhos?

Sabemos que você consegue imaginar e pode realizar.

Este livro desvendou, organizou e disponibilizou para você o passo a passo de um segredo poderoso para abrir as suas portas!

Então, faça! Comece já! Mude a sua realidade. Você pode, você tem a direção agora!

Desejamos que você compartilhe o que aprendeu com as pessoas ao seu redor, multiplicando a transformação. Há uma magia em ensinar que nos faz aprender muitas vezes mais do que só estudando.

Coloque em prática tudo o que aprendeu! Desenvolva o seu Poder Extrafísico! Seja muito feliz, porque você merece! O mundo está precisando de mais pessoas felizes e você pode fazer isso!

Acreditamos em você! Até a próxima!

Um grande abraço e muita luz!

Bruno J. Gimenes e Patrícia Cândido

VÁ MAIS ALÉM

OUTRAS PUBLICAÇÕES

Luz da Serra
EDITORA

MANUAL DE MAGIA COM AS ERVAS

Bruno J. Gimenes e Patrícia Cândido

Imagine a liberdade e a alegria em saber exatamente o que fazer para ajudar o seu filho que vive com uma dor aqui, outra ali. Ou ainda a sua mãe que sofre com a insônia. Imagine poder enviar energias a distância para alguém que você quer ajudar ou até mesmo saber o que fazer para ativar a sua autoestima e abrir seus caminhos de prosperidade. Neste livro, você aprenderá a usar benzimentos, mandalas, incensos, chás, sachês, amuletos, patuás, sprays e muitas outras técnicas poderosíssimas para transformar profundamente a sua vida e a das pessoas ao seu redor.

Páginas: 256
Formato: 16x23cm
ISBN: 978-85-64463-12-7

FITOENERGÉTICA: a energia das plantas no equilíbrio da alma

Bruno J. Gimenes

O poder oculto das plantas apresentado de uma maneira que você jamais viu. A Fitoenergética é um sistema de cura natural que apresenta ao leitor a sabedoria que estava escondida e deixada de lado em função dos novos tempos. É um livro inédito no mundo que mostra um sério e aprofundado estudo sobre as propriedades energéticas das plantas e seus efeitos sobre todos os seres.

Páginas: 304
Formato: 16x23cm
ISBN: 978-85-7727-180-1

MEDITAR TRANSFORMA:
um guia definitivo para acalmar a sua mente e equilibrar as suas emoções com 8 minutos diários
Amanda Dreher

A intenção da autora é mostrar a parte prática, na vida real, porque meditação é, basicamente, colocar em ação: hoje, amanhã e depois! Durante a leitura, você vai conhecer o método para acalmar a sua mente e controlar as suas emoções com apenas 8 minutos diários, de forma simples e prática. Você será capaz de eliminar os maiores inimigos internos que prejudicam a vida da esmagadora maioria das pessoas: ansiedade, estresse, depressão, insônia, falta de concentração, dores crônicas, problemas de relacionamento e vazio no peito por não conhecer a missão de vida.

Páginas: 200
Formato: 16x23cm
ISBN: 978-85-64463-46-2

ACORDOS ESPIRITUAIS:
o despertar da missão
Aline Elisângela Schulz

Este livro revela o que são os Acordos Espirituais, os 4 grupos de resgates e onde eles se manifestam. Você saberá como transformar a sua realidade por meio de 5 passos deste Método testado e aprovado por milhares de pessoas. Além disso, terá acesso a um teste para descobrir a qual grupo pertence e outro para ver se está cumprindo os seus Acordos. A leitura é indicada para quem deseja descobrir o verdadeiro sentido da vida e quer chegar ao final dela com o sentimento de dever cumprido. Se deseja transformar a sua vida, você precisa conhecer os seus Acordos Espirituais!

Páginas: 200
Formato: 16x23cm
ISBN: 978-85-64463-39-4

Luz da Serra
EDITORA

Avenida 15 de Novembro, 785 – Centro
Nova Petrópolis / RS – CEP 95150-000
Fone: (54) 3298-2233 / (54) 99113-7657
E-mail: editora@luzdaserra.com.br